大人のための本当に役立つ小学生漢字

出口 汪
Hiroshi Deguchi

水王舎

プロローグ

「大の大人が小学生漢字なんて」。

　そう思われた方が多いのではないでしょうか。いかがですか？
　それでは、以下のカタカナ部分の漢字を正確に書いてみてください。

①**オンビン**に取りはからう。　　　　（西武学園文理）
②来客に**エシャク**をする。　　　　　（春日部共栄）
③意味**シンチョウ**な発言をする。　　（明治学院）
④命を軽く見る傾向は**カンシン**にたえない。
　　　　　　　　　　　　　　　　　　（慶應義塾）
⑤**タイキョ**しておしよせる。　　　（日本大学第二）
⑥列車が**ケイテキ**を鳴らす。　　　（日本大学藤沢）
⑦うそも**ホウベン**。　　　　　　　　（成城学園）
⑧結果よりも**カテイ**が大切だと教えられました。
　　　　　　　　　　　　　　　　　（かえつ有明）
⑨足を**フショウ**する。　　　　　（横浜英和女学院）
⑩**コウカク**泡を飛ばしてけんかする。（慶應義塾）

どうでしたか？

　これらの漢字はすべて実際の中学校の入試問題で出題されたもので、小学生が書けなければならないものばかりです。

　決して、誰もが書けない漢字を選んだのではなく、誰もが書けなければ実生活で困る漢字ばかりを選んだのです。

　今や漢字はほとんどワープロでの自動変換となり、手で書く機会がめっきりと少なくなりました。そのためにいざ何かを書かなければならない時に、基本的な漢字が頭に思い浮かばなかったり、誤字を書いてしまったりと、思わぬところで恥をかいてしまう経験も少なくないはずです。

　何も難しい漢字などは書ける必要はないのです。しかし、小学生漢字が書けないのはやはり恥ずかしいことではないでしょうか。

では、漢字の読みはどうでしょうか？

　次の問題も中学校の入試問題からの出題です。

①会を**発足**させる。
②物価が**下落**する。　　　　　　　　（獨協埼玉）
③鋭い**眼差**しで見る。　　　　　　　（聖園女学院）
④野の花を**手折**る。
⑤食卓の**和**やかな雰囲気。　　　　　（明治学院）
⑥必ず来るという**言質**を取った。
⑦**神々**しいばかりの輝きがある。　　（横浜雙葉）
⑧**不世出**の画家。　　　　　　　　　　　（芝）
⑨物見**遊山**に出かける。
⑩ここからの**眺望**はすばらしい。　（かえつ有明）

　漢字の読みはおそらく、書き取りよりはやさしかったと思います。ところが、大切な言葉を間違って覚えていたり、人前で間違った読み方をしたりと、これが小学生漢字であればやはり恥ずかしい思いをするに違いありません。
　本書で一度確認してみると安心することができます。

その他にも本書の利点が多くあります。
①熟語に意味を掲載→日本語の正確な使い方ができる。
②四字熟語・慣用表現など→表現が豊かになる。
③同意語・類義語・反意語など→語彙力を豊富にすることができる。
③同音異義語など→ワープロの変換ミスを少なくする。
④さまざまな形式の問題→漢字で頭の使い方を鍛える。
⑤毎回10点満点×100回→テスト形式で楽しめる。

　本書一冊で、日常必要とする漢字をもう一度見直し、日本語に対する不安を払拭し、語彙力や表現力を豊かにし、頭を鍛えることができるのです。

まさに本当に役に立つ漢字の本です。

　さらに難関私立中学校の漢字問題、最後に日本でもっとも難しい漢字問題を出題する灘中で

腕試しと、この一冊で思いっきり漢字を楽しんでください。

また「漢字検定」「中学・高校入試」対策にも非常に効果的です。

〈本書の利用法〉

大切なことは、問題を解く時にその漢字が文脈の中でどのような意味で、どのように使われているかを考えることです。そのことで、語彙力が増すだけでなく、正しい日本語の使い方も習得することができます。

解き終わったら、裏ページの答えを見て採点すること。その時、漢字の意味も合っていたかどうか確認してください。

点数をつけたなら、間違った漢字を下の空欄に書き入れること。

233ページに得点集計表があるので、そこにも点数を記入してください。

本書を繰り返し用いて、せめて小学生漢字は完全に習得していただきたいのですが、すでに

習得している簡単な漢字を一から解き直す必要はありません。

　そこで、得点集計表を見て、点数の低いテストからやり直せば効果的です。しかも、できなかった漢字は空所に自分で書き入れているので、それを集中的に頭に叩き込むことができます。

出口　汪

「書き取り」の答え
①穏便　②会釈　③（意味）深長　④寒心　⑤大挙　⑥警笛　⑦方便　⑧過程　⑨負傷　⑩口角

「読み」の答え
①ホッソク　②ゲラク　③マナザ(シ)　④タオ(ル)　⑤ナゴ(ヤカ)　⑥ゲンチ　⑦コウゴウ(シイ)　⑧フセイシュツ　⑨ユサン　⑩チョウボウ

もくじ

プロローグ ❷

第1章　書けないと恥をかく小学生漢字 ❾

第2章　読めないと恥をかく小学生漢字 ㊶

第3章　意外に書けない小学生漢字 ㉞

第4章　意外に読めない小学生漢字 ⓳

第5章　表現力がアップする四字熟語 ㉛

第6章　表現力がアップする慣用表現 ⓮

第7章　同音異義語、同義語・類義語、反義語・対義語 ⓯

第8章　熟語を完成 ⓯

第9章　語彙力を磨く漢字 ⓱

第10章　頭がよくなる漢字 ⓱

第11章　難関中学で出る漢字 ㉓

第12章　あの灘中の漢字に挑戦 ㉗

得点集計表 ㉝

おわりに ㉞

第1章 書けないと恥をかく小学生漢字

●ここでは書けないと恥をかく、小学生漢字を扱います。と言っても、難関私立中学で出題されたものなので、油断をすると痛い目に遭うかもしれません。

基本的には全問正解を目ざすこと。もし、高得点が取れなくても、心配いりません。

ただし、このままだとさまざまな機会で恥をかく可能性が高いので、本書によって完全に書けるようにしておきましょう。

問題 次の□の中に入る、正しい漢字を答えなさい。

第1回問題 目標10点（各1点）

① <ruby>ロウホウ<rt></rt></ruby> □□が届く。

② お金を □□ してもらう。^{クメン}

③ 患者が □□ を保っている。^{ショウコウ}

④ 旅行の計画を □□ に立てる。^{メンミツ}

⑤ □□ の事実。^{シュウチ}

⑥ □□ を築く工事が始まる。^{テイボウ}

⑦ 社長の □□ の部下^{フクシン}

⑧ 能力を □□ する。^{ハッキ}

⑨ □□ を許さない。^{ヨダン}

⑩ 技術者を □□ する。^{ヨウセイ}

第1回解答　　　　　　　　月　　日

① **朗報**が届く。
→うれしい知らせ。よい知らせ。

② お金を**工面**してもらう。
→工夫して金品をそろえること。

③ 患者が**小康**を保っている。
→病状が少し良くなること。

④ 旅行の計画を**綿密**に立てる。
→詳しく、抜かりがないこと。

⑤ **周知**の事実。
→広く知れ渡っていること。

⑥ **堤防**を築く工事が始まる。
→土手。河川のつつみ。

⑦ 社長の**腹心**の部下
→心の奥底。心から信頼していること。

⑧ 能力を**発揮**する。
→力量・特性をあらわすこと。

⑨ **予断**を許さない。
→前もって判断・想定すること。

⑩ 技術者を**養成**する。
→養い育てること。

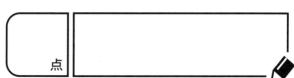

点　　　　　　　　　　　まちがえたものはここに書き出す

第2回問題　　目標10点（各1点）

① 自分の力を〔ジフ〕する。

② 意味〔シンチョウ〕な発言をする。

③〔ケッソウ〕を変えて走る。

④ 雨でも体育祭を〔ケッコウ〕する。

⑤ 呼吸〔キカン〕の具合がよくない。

⑥〔ヨウイ〕には解けない問題だ。

⑦〔オゴソ〕かな式典がもよおされる。

⑧ スイスは〔エイセイ〕中立の国です。

⑨ 結果よりも〔カテイ〕が大切です。

⑩〔アンイ〕に考えてはいけない。

第2回解答

月　　日

① 自分の力を**自負**する。
→自信を持って誇ること。

② 意味**深長**な発言をする。
→表立つことなく深い意味があること。

③ **血相**を変えて走る。
→顔つき。顔いろ。

④ 雨でも体育祭を**決行**する。
→多少無理があっても、思い切って行うこと。

⑤ 呼吸**器官**の具合がよくない。
→生物体の一部で一定の形と働きをもつもの。

⑥ **容易**には解けない問題だ。
→たやすいこと。

⑦ **厳**かな式典がもよおされる。
→威厳があるようす。いかめしさ。

⑧ スイスは**永世**中立の国です。
→限りなく長い年月。永久。

⑨ 結果よりも**過程**が大切です。
→ものごとの進行する道すじ。プロセス。

⑩ **安易**に考えてはいけない。
→たやすいようす。手軽。いい加減。

点

まちがえたものはここに書き出す

第3回問題　　目標10点（各1点）

① 来客に□□(エシャク)をする。

② 私は□□(キショウ)予報士になりたい。

③ 雷警報が□□(カイジョ)される。

④ テレビが□□(コショウ)する。

⑤ 助かるかどうかの□□(サカイメ)だ。

⑥ □□□(シュウトクブツ)を届ける。

⑦ 読書感想文を□□(サッシ)にする。

⑧ 体を□□(セイケツ)に保つ。

⑨ □□(テッキン)コンクリートで家を建てる。

⑩ 世界□□(イサン)に登録された寺院。

第3回解答

① 来客に**会釈**をする。
→軽く礼をすること。

② 私は**気象**予報士になりたい。
→大気の変化や状況。天気。

③ 雷警報が**解除**される。
→元の状態に戻す。なかったものとする。

④ テレビが**故障**する。
→機械や人体の機能に異常をきたすこと。

⑤ 助かるかどうかの**境目**だ。
→区切り目。もの同士が接するところ。

⑥ **拾得物**を届ける。
→拾った落とし物など。

⑦ 読書感想文を**冊子**にする。
→とじて本にしたもの。書物。

⑧ 体を**清潔**に保つ。
→汚れもなくきれいなようす。

⑨ **鉄筋**コンクリートで家を建てる。
→コンクリート建築の芯になる鉄棒。

⑩ 世界**遺産**に登録された寺院。
→「世界遺産」で人類共通の宝とすべき文化財や遺跡。

点

まちがえたものはここに書き出す

第4回問題　　目標10点（各1点）

① 家族の<ruby>安否<rt>アンピ</rt></ruby>確認をする。

② 新たな文化を<ruby>創造<rt>ソウゾウ</rt></ruby>していく。

③ 最新機械の<ruby>操作<rt>ソウサ</rt></ruby>方法を覚える。

④ 事故の原因を状況から<ruby>推測<rt>スイソク</rt></ruby>する。

⑤ <ruby>故障<rt>コショウ</rt></ruby>する選手が続出した。

⑥ <ruby>穏便<rt>オンビン</rt></ruby>に取りはからう。

⑦ 公徳心を<ruby>培<rt>ツチカ</rt></ruby>う。

⑧ <ruby>退去<rt>タイキョ</rt></ruby>しておしよせる。

⑨ <ruby>適正<rt>テキセイ</rt></ruby>な価格を決める。

⑩ 列車が<ruby>警笛<rt>ケイテキ</rt></ruby>を鳴らす。

第4回解答

① 家族の**安否**確認をする。
→安全かどうか。無事か。

② 新たな文化を**創造**していく。
→初めてつくり出すこと。

③ 最新機械の**操作**方法を覚える。
→機械などを動かして仕事をさせること。

④ 事故の原因を状況から**推測**する。
→さまざまな条件をもとに推しはかること。

⑤ **故障**する選手が続出した。
→機械や人体の機能に異常をきたすこと。

⑥ **穏便**に取りはからう。
→穏やかなようす。

⑦ 公徳心を**培**う。
→力や心を育てる。

⑧ **大挙**しておしよせる。
→大勢でそろって。

⑨ **適正**な価格を決める。
→正しいこと。

⑩ 列車が**警笛**を鳴らす。
→警戒や安全のために鳴らす笛。

点

まちがえたものはここに書き出す

第5回問題　　　目標10点（各1点）

① 彼は□□(セイケツ)な人がらだ。

② この問題は□□(ナンカイ)だ。

③ 彼女の発言を□□(ヒハン)する。

④ 日々□□(ショウジン)する。

⑤ のりが乾いて紙が□(ソ)る。

⑥ 代表者に決定を□(ユダ)ねる。

⑦ □□(ショウケイ)文字。

⑧ 心が□□(チヂ)に乱れる。

⑨ □□(ソッセン)して実行する。

⑩ □□(ゲンカン)の冬の到来。

第5回解答

① 彼は**清潔**な人がらだ。
→清らかでうそやごまかしのないようす。

② この問題は**難解**だ。
→難しいこと。

③ 彼女の発言を**批判**する。
→物事のよい悪いを論じ、正しいかなどを判じる。

④ 日々**精進**する。
→一生懸命努力すること。

⑤ のりが乾いて紙が**反**る。
→弓なりになる。

⑥ 代表者に決定を**委**ねる。
→信頼して任せる。

⑦ **象形**文字。
→「象形文字」で物の形をかたどった文字。

⑧ 心が**千千**に乱れる。
→さまざまに。

⑨ **率先**して実行する。
→先頭に立って行うこと。

⑩ **厳寒**の冬の到来。
→厳しい寒さ。

点

まちがえたものはここに書き出す

第6回問題　　目標10点（各1点）

① <ruby>遊覧<rt>ユウラン</rt></ruby>船に乗る。

② <ruby>無二<rt>ムニ</rt></ruby>の親友。

③ そろそろ<ruby>潮時<rt>シオドキ</rt></ruby>だ。

④ 内閣の顔ぶれを<ruby>刷新<rt>サッシン</rt></ruby>する。

⑤ <ruby>断固<rt>ダンコ</rt></ruby>たる処置をとる。

⑥ ヨーロッパ諸国を<ruby>歴訪<rt>レキホウ</rt></ruby>する。

⑦ 私の両親はともに<ruby>健在<rt>ケンザイ</rt></ruby>です。

⑧ <ruby>会心<rt>カイシン</rt></ruby>の作に満足する。

⑨ <ruby>見当<rt>ケントウ</rt></ruby>をつける。

⑩ 多数の<ruby>支持<rt>シジ</rt></ruby>を得る。

第6回解答

① **遊覧**船に乗る。
→「遊覧船」で見物しながら回る船。

② **無二**の親友。
→比べるもののないこと。かけがえのないこと。

③ そろそろ**潮時**だ。
→物事をするのに適したころあい。

④ 内閣の顔ぶれを**刷新**する。
→悪いところを直して完全に新しくすること。

⑤ **断固**たる処置をとる。
→きっぱりとするようす。

⑥ ヨーロッパ諸国を**歴訪**する。
→いろいろな土地や人を訪ねること。

⑦ 私の両親はともに**健在**です。
→元気に暮らしていること。

⑧ **会心**の作に満足する。
→思ったとおりで心にかなうこと。

⑨ **見当**をつける。
→予想。判断。

⑩ 多数の**支持**を得る。
→人の考えや行動などに賛成して応援すること。

点

まちがえたものはここに書き出す

第7回問題   目標10点(各1点)

① 美しい□□(ユウバ)えにみとれる。

② 美術品を□□(テンジ)する。

③ 彼は□□(ゲキテキ)な人生を送った。

④ オーケストラの□□(シキ)をする。

⑤ □□(ハクアイ)の精神を心がける。

⑥ □□(サイバン)所を見学する。

⑦ この出来ばえでは落選は□□(ヒッシ)だ。

⑧ 『方丈記』で□□(ムジョウ)観を知る。

⑨ 新しい薬品を□□(セイセイ)する。

⑩ □□(コウカク)泡を飛ばしてけんかする。

23

第7回解答

① 美しい**夕映**えにみとれる。
→夕日を受けて周囲の色が照り輝くこと。

② 美術品を**展示**する。
→品物や資料などを陳列し、人に見せること。

③ 彼は**劇的**な人生を送った。
→劇を見るように心が動いたり変化に富んだりするようす。

④ オーケストラの**指揮**をする。
→全体を見ながら指図すること。

⑤ **博愛**の精神を心がける。
→すべての人を区別せず平等に愛すること。

⑥ **裁判**所を見学する。
→法律に基づいて罪になるかどうかを判断すること。

⑦ この出来ばえでは落選は**必至**だ。
→避けることができないこと。

⑧ 『方丈記』で**無常**観を知る。
→万物は必ず滅び、変わらないものは何もないということ。

⑨ 新しい薬品を**精製**する。
→粗製品を純良なものにつくりあげること。

⑩ **口角**泡を飛ばしてけんかする。
→「口角泡を飛ばす」で激しく論議するようす。

点

まちがえたものはここに書き出す

第8回問題   目標10点（各1点）

① 親が　ホウニン　主義で育てる。

② キテン　を利かせる。

③ 命の軽視は　カンシン　にたえない。

④ コウソウ　を練ってから作文を書く。

⑤ 彼女は　キカイ　体操の選手だ。

⑥ 新聞社の　ヨロン　調査に協力する。

⑦ モッカ　のところ調査中。

⑧ お金の　サンダン　をする。

⑨ 子どもたちの　スコ　やかな成長を願う。

⑩ ソウゾウ　力を働かせる。

第8回解答

① 親が**放任**主義で育てる。
→なりゆきにまかせて放っておくこと。

② **機転**を利かせる。
→その場の状況に応じた敏速な心の働き。

③ 命の軽視は**寒心**にたえない。
→心配でぞっとすること。

④ **構想**を錬ってから作文を書く。
→構成や手順などについて考えを組み立てること。

⑤ 彼女は**器械**体操の選手だ。
→「器械体操」で鉄棒や平行棒などを使って行う体操。

⑥ 新聞社の**世論**調査に協力する。
→世間一般の人々の意見。

⑦ **目下**のところ調査中。
→ただ今。

⑧ お金の**算段**をする。
→お金などを集めるくふう。

⑨ 子どもたちの**健**やかな成長を願う。
→健康で元気なようす。

⑩ **想像**力を働かせる。
→「想像力」で想像する能力やはたらき。

点

まちがえたものはここに書き出す

第9回問題　　　目標10点（各1点）

① ⬜⬜(シュウシュウ)がつかない。

② うそも⬜⬜(ホウベン)。

③ 代表者が⬜⬜(ショメイ)してください。

④ 手紙に⬜⬜(ジコウ)のあいさつを書く。

⑤ 食品⬜⬜(エイセイ)にかかわる問題。

⑥ 詳しい内容については⬜⬜(カツアイ)します。

⑦ 道ばたの小石を⬜(ヒロ)う。

⑧ 足を⬜⬜(フショウ)する。

⑨ ⬜⬜(ニュウシ)が生えた。

⑩ 悪事に⬜⬜(カタン)する。

第9回解答

① **収拾**がつかない。
→混乱した状態をうまくまとめること。

② うそも**方便**。
→目的を果たすためにとる便宜的な手段。

③ 代表者が**署名**してください。
→書類に自分の氏名を書くこと。

④ 手紙に**時候**のあいさつを書く。
→気候。

⑤ 食品**衛生**にかかわる問題。
→純正を保ち汚染や変質を防止すること。

⑥ 詳しい内容については**割愛**します。
→惜しいけれど省略すること。

⑦ 道ばたの小石を**拾**う。
→落ちているものを取り上げる。

⑧ 足を**負傷**する。
→けがをすること。

⑨ **乳歯**が生えた。
→生後6か月ごろから生え10歳前後までに抜け替わる歯。

⑩ 悪事に**加担**する。
→力を貸すこと。

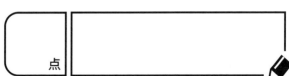

まちがえたものはここに書き出す

第10回問題　　　目標10点（各1点）

① 先方の□□(イコウ)をくみ取る。

② 業績悪化で□□(インセキ)辞任した。

③ 申し出を□□(コジ)する。

④ 情報を□□(シュシャ)選択する。

⑤ 要職を□□(レキニン)する。

⑥ バイオリンの美しい□□(ドクソウ)。

⑦ 温泉に□□(トウジ)客が来た。

⑧ □□(ドシャ)災害に警戒する。

⑨ 大会記録を□□(コウシン)した。

⑩ 東京都は五輪□□(ショウチ)に成功した。

第10回解答

①先方の**意向**をくみ取る。
→考え。

②業績悪化で**引責**辞任した。
→責任を引き受けること。

③申し出を**固辞**する。
→どんなことがあろうと辞退する。

④情報を**取捨**選択する。
→よいものを取り、悪いものを捨てること。

⑤要職を**歴任**する。
→さまざまな役職に任ぜられること。

⑥バイオリンの美しい**独奏**。
→一人で楽器を演奏すること。

⑦温泉に**湯治**客が来た。
→温泉に入って療養すること。

⑧**土砂**災害に警戒する。
→土と砂。

⑨大会記録を**更新**した。
→新しくすること。

⑩東京都は五輪**招致**に成功した。
→自分のところに呼んで来させること。

点

まちがえたものはここに書き出す

第11回問題　　目標10点（各1点）

① <ruby>猛暑<rt>モウショ</rt></ruby>で、氷がよく売れる。

② <ruby>環境<rt>カンキョウ</rt></ruby>問題について考える。

③ <ruby>冒険<rt>ボウケン</rt></ruby>家になりたい。

④神仏の<ruby>加護<rt>カゴ</rt></ruby>を願う。

⑤職人さんの<ruby>円熟<rt>エンジュク</rt></ruby>の技。

⑥<ruby>因果<rt>インガ</rt></ruby>関係は認められない。

⑦水泳選手の<ruby>肺活<rt>ハイカツ</rt></ruby>量はすごい。

⑧<ruby>磁石<rt>ジシャク</rt></ruby>が指す方向へ進む。

⑨研究に<ruby>専念<rt>センネン</rt></ruby>する。

⑩命の<ruby>尊厳<rt>ソンゲン</rt></ruby>を考える。

第11回解答

① **猛暑**で、氷がよく売れる。
→激しい暑さ。

② **環境**問題について考える。
→あるものを取り巻く外界。

③ **冒険**家になりたい。
→危険を顧みず行うこと。

④ 神仏の**加護**を願う。
→神仏が危険から守ること。

⑤ 職人さんの**円熟**の技。
→芸や技術が上達して豊かな内容をもつようになること。

⑥ **因果**関係は認められない。
→原因と結果。

⑦ 水泳選手の**肺活量**はすごい。
→「肺活量」で肺に吸い込んでから、吐き出した空気の全量。

⑧ **磁石**が指す方向へ進む。
→針が南北を指す特性を用いて方位を測る道具。

⑨ 研究に**専念**する。
→一つのことに没頭すること。

⑩ 命の**尊厳**を考える。
→尊く厳かで、侵しがたいこと。

まちがえたものはここに書き出す

第12回問題　　目標10点（各1点）

① [非課税]の商品を買う。

② [系紙帳]に勤める。

③ 褒められて[有頂天]になる

④ シェイクスピアの残した[悲喜劇]。

⑤ [痛快]な出来事。

⑥ [表裏]一体。

⑦ 町の変化が[著]しい。

⑧ [朗]らかに笑う。

⑨ 入試に向けて[英気]を養う。

⑩ 二人の意見は[大同小異]だ。

第12回解答

① **非課税**の商品を買う。
→税金が課されないこと。

② **警視庁**に勤める。
→東京都を管轄区域として、管内の警察行政をつかさどる官庁。

③ 褒められて**有頂天**になる。
→得意になって夢中になり、我を忘れること。

④ シェイクスピアの残した**悲喜劇**。
→悲劇と喜劇の両方の要素をもつ劇。

⑤ **痛快**な出来事。
→たいそう気持ちのよいようす。

⑥ **表裏**一体。
→一つのことのおもてとうら。

⑦ 町の変化が**著**しい。
→だれにでもそれとわかる状態である。

⑧ **朗**らかに笑う。
→心が晴れやかでわだかまりなく。

⑨ 入試に向けて**英気**を養う。
→すぐれた才気。

⑩ 二人の意見は**大同小異**だ。
→細かな違いはあっても、全体的にはほとんど同じであること。

まちがえたものはここに書き出す

第13回問題　　目標10点（各1点）

① みんなの応援に□□（フンキ）した。

② 毎朝五時に□□（キショウ）する。

③ 水は、温度が上がると□□（ジョウハツ）する。

④ 立方体の□□（ヨウセキ）を計算する。

⑤ □□（スエナガ）くよろしくお願いします。

⑥ ピアノを□□（エンソウ）する。

⑦ リサイクル運動の□□（スイシン）。

⑧ 昔の□□（デンショウ）。

⑨ 運動会の□□□（トキョウソウ）。

⑩ 民族□□（コユウ）の文化。

第13回解答

① みんなの応援に**奮起**した。
→張り切ること。

② 毎朝五時に**起床**する。
→目を覚まして寝床から起きること。

③ 水は、温度が上がると**蒸発**する。
→液体が気体になること。

④ 立方体の**容積**を計算する。
→容器の内容の分量。

⑤ **末永**くよろしくお願いします。
→将来にわたって長く。

⑥ ピアノを**演奏**する。
→楽器で音楽を奏でること。

⑦ リサイクル運動の**推進**。
→推し進めること。

⑧ 昔の**伝承**。
→古くからの風習・信仰・伝説などを受け継ぎ伝えること。

⑨ 運動会の**徒競走**。
→かけくらべ。

⑩ 民族**固有**の文化。
→もともと備わっていること。

点

まちがえたものはここに書き出す

第14回問題　　目標10点（各1点）

①彼女は口が▢▢(タッシャ)な人だ。

②温泉で▢▢(ヨウジョウ)する。

③災害に▢(ソナ)える。

④手紙を▢▢(ハイケン)する。

⑤▢▢▢(カンゴシ)になるのが夢だ。

⑥そのお寺の▢▢(ハイカン)料を調べた。

⑦先生の▢▢(コウギ)はおもしろい。

⑧▢▢(ゲンジュウ)に注意する。

⑨▢▢(テンラン)会の話。

⑩日本列島を台風が▢▢(ジュウダン)した。

第14回解答

① 彼女は口が**達者**な人だ。
→弁がたつ。

② 温泉で**養生**する。
→体を大切にして、さらに健康になるよう努力する。

③ 災害に**備**える。
→事前に準備する。

④ 手紙を**拝見**する。
→見ることの謙譲語。

⑤ **看護師**になるのが夢だ。
→病人やけが人の手当てや世話をする人。

⑥ そのお寺の**拝観**料を調べた。
→神社や仏閣、または宝物などを見せてもらうこと。

⑦ 先生の**講義**はおもしろい。
→学説などの意味を教えること。

⑧ **厳重**に注意する。
→ささいな点も見逃さないような厳しいようす。

⑨ **展覧**会の話。
→作品・制作物などを並べて、人に見せること。

⑩ 日本列島を台風が**縦断**した。
→縦または南北の方向に通っていくこと。

点

まちがえたものはここに書き出す

第15回問題　　　目標10点（各1点）

① 亡くなった方の□□(クヨウ)をする。

② 彼女はおしゃれに□□(ヨネン)がない。

③ 野菜を□(キザ)む。

④ □□(キハツ)性のある薬品。

⑤ 知人が□(アラワ)した小説はヒットした。

⑥ 先生の家に□□(キシュウ)する。

⑦ 難民の□□(キュウサイ)に全力を尽くす。

⑧ 空中から□□(ササツ)する。

⑨ この先の□□(テンボウ)を述べる。

⑩ なるべく□□(ゼンショ)して対応する。

第15回解答

① 亡くなった方の**供養**をする。
→仏前や死者の霊前にお供えをし、冥福を祈ること。

② 彼女はおしゃれに**余念**がない。
→「余年がない」でそのことに熱心になっている。

③ 野菜を**刻**む。
→包丁などで細かく切る。

④ **揮発**性のある薬品。
→常温で液体が蒸発すること。

⑤ 知人が**著**した小説はヒットした。
→「著す」で文章を書いて世に出す。

⑥ 先生の家に**寄宿**する。
→他人の家の一部を借りて世話になること。

⑦ 難民の**救済**に全力を尽くす。
→災害や不幸から人を救うこと。

⑧ 空中から**査察**する。
→既定のとおりに行われているかどうかを調べること。

⑨ この先の**展望**を述べる。
→社会の出来事などを広く見渡すこと。

⑩ なるべく**善処**して対応する。
→適切に処理すること。

点

まちがえたものはここに書き出す

第2章 読めないと恥をかく小学生漢字

●今回は読めないと恥ずかしい小学生漢字です。漢字を読めないと、辞書で調べる時でも苦労します。

さらに間違った読み方を人前でしてしまうと、あなたの評価がとたんに落ちてしまいます。漢字の読みは意外に間違って覚えている場合が多いのです。

ここで基本的な漢字の読み方をもう一度確認しておくことが大切です。

問題　次の□の中の漢字の読みを答えなさい。

第16回問題　　目標10点（各1点）

① **血眼**になって探す。

② **紅葉**狩りを楽しむ。

③ 朝から**悪寒**がする。

④ 正しい**作法**を身につける。

⑤ 質問に**口頭**で答える。

⑥ 早めに**決済**をする。

⑦ 写真家として**頭角**を現す。

⑧ 同じ**所作**をくりかえす。

⑨ 明日の試合に**備**える。

⑩ **質素**な生活をおくる。

第16回解答

①**チマナコ**になって探す。
→夢中になってかけまわるようす。

②**モミジ**狩りを楽しむ。
→晩秋に、黄色や赤に色づいた木や草の葉。

③朝から**オカン**がする。
→熱が出たときなどに感じるぞくぞくした寒気。

④正しい**サホウ**を身につける。
→言語や動作などの手本となる決まり。

⑤質問に**コウトウ**で答える。
→言葉で述べること。

⑥早めに**ケッサイ**をする。
→売買の取引を終えること。

⑦写真家として**トウカク**を現す。
→「頭角を表す」で才能や技能が特にめだつこと。

⑧同じ**ショサ**をくりかえす。
→行い。しぐさ。

⑨明日の試合に**ソナ**える。
→事前に準備する。

⑩**シッソ**な生活をおくる。
→浪費をせず倹約するようす。

点

まちがえたものはここに書き出す

第17回問題　　　目標10点（各1点）

① 先生が|点||呼|をとる。

② 改まった|口||調|で切り出す。

③ |仮||病|がばれてしまった。

④ |直|ちに学校に行きなさい。

⑤ |率||先|して人のためにつくす。

⑥ 祖父は|遺||言|を残した。

⑦ 縁起を|担|いでトンカツを食べた。

⑧ 子どもの才能を|育|む。

⑨ 試合に負けたら|体||裁|が悪い。

⑩ 警報が出たら|速|やかに移動。

第17回解答

① 先生が**テンコ**をとる。
→名前を呼んで人数を確認すること。

② 改まった**クチョウ**で切り出す。
→口のきき方の調子。

③ **ケビョウ**がばれてしまった。
→病気を装うこと。

④ **タダ**ちに学校に行きなさい。
→すぐに。

⑤ **ソッセン**して人のためにつくす。
→先頭に立って行うこと。

⑥ 祖父は**ユイゴン**を残した。
→死後の処置について言い残しておく言葉。

⑦ 縁起を**カツ**いでトンカツを食べた。
→根拠のない言い伝えなどを気にかける。

⑧ 子どもの才能を**ハグク**む。
→大切に育てて発展させる。

⑨ 試合に負けたら**テイサイ**が悪い。
→他人から見られたときのかっこう。

⑩ 警報が出たら**スミ**やかに移動。
→すばやく。

点

まちがえたものはここに書き出す

第18回問題　　　目標10点（各1点）

① **本音**と建て前が違いすぎる。

② **目下**のところ不明だ。

③ お金を**工面**する。

④ **無下**に断るわけにもいかない。

⑤ **戸外**で運動する。

⑥ **最寄**の駅に向かう。

⑦ 一日**千秋**の思いで頑張った。

⑧ **頭上**に注意する。

⑨ 十分に**自重**して行動すること。

⑩ **図星**を指されてドギマギする。

第18回解答

① **ホンネ**と建て前が違いすぎる。
→隠している本心。

② **モッカ**のところ不明だ。
→ただ今。現在。

③ お金を**クメン**する。
→お金などを集めるくふう。

④ **ムゲ**に断るわけにもいかない。
→そっけなく。むやみに。

⑤ **コガイ**で運動する。
→屋外。

⑥ **モヨリ**の駅に向かう。
→最も近いこと。

⑦ 一日**センシュウ**の思いで頑張った。
→千年、長い年月。

⑧ **ズジョウ**に注意する。
→頭の上。

⑨ 十分に**ジチョウ**して行動すること。
→行動を慎み、軽々しくふるまわない。

⑩ **ズボシ**を指されてドギマギする。
→核心の部分。

点

まちがえたものはここに書き出す

第19回問題　　　目標10点（各1点）

① 来週までの|消||印|なら有効だ。

② |宮||内||庁|に見学に行く。

③ |造||作|もなくパソコンを使う。

④ |野||外|コンサートに行く。

⑤ 夕陽に|映|える。

⑥ |白||磁|の器。

⑦ 相手の|無||愛||想|な態度にとまどう。

⑧ そのような話は|御||法||度|だ。

⑨ 兄は|快||活|な気性だ。

⑩ 文章の|体||裁|を整える。

第19回解答

① 来週までの**ケシイン**なら有効だ。
→郵便局で、切手・はがきに押す日付印。

② **クナイチョウ**に見学に行く。
→皇室に関する事務を取り扱う役所。

③ **ゾウサ**もなくパソコンを使う。
→手数がかかる。

④ **ヤガイ**コンサートに行く。
→野原。建物の外。

⑤ 夕陽に**ハ**える。
→光を受けて照り輝く。

⑥ **ハクジ**の器。
→まっしろな磁器。

⑦ 相手の**ブアイソウ**な態度にとまどう。
→人当たりが悪く、ぶっきらぼうなようす。

⑧ そのような話は**ゴハット**だ。
→固く禁じられている事柄。

⑨ 兄は**カイカツ**な気性だ。
→明るく元気なようす。

⑩ 文章の**テイサイ**を整える。
→一定の形式。

点

まちがえたものはここに書き出す

第20回問題　　目標10点（各1点）

①この辞典は重宝だ。

②借家に住む。

③必死の形相でがんばる。

④他人のペンを拝借する。

⑤お寺の境内。

⑥母は家事を専らにしている。

⑦会社の沿革をたどる。

⑧利益を折半する。

⑨矢面に立って答弁する。

⑩はさみで布を裁つ。

第20回解答

① この辞典は**チョウホウ**だ。
→便利で役に立つこと。

② **シャクヤ**に住む。
→家賃を払って借りる家。

③ 必死の**ギョウソウ**でがんばる。
→顔つき。

④ 他人のペンを**ハイシャク**する。
→借りることの謙譲語。

⑤ お寺の**ケイダイ**。
→神社や寺の敷地の中。

⑥ 母は家事を**モッパ**らにしている。
→ひとつのことに打ち込むようす。

⑦ 会社の**エンカク**をたどる。
→今日まで移り変わってきた歴史。

⑧ 利益を**セッパン**する。
→半分に分けること。

⑨ **ヤオモテ**に立って答弁する。
→非難・攻撃などを集中して受ける立場。

⑩ はさみで布を**タ**つ。
→衣服を仕立てるために布地を切る。

点

まちがえたものはここに書き出す

第21回問題　　目標10点（各1点）

①本を**著**す。

②委員長に**推**す。

③時間を**割**く。

④荷物を**担**ぐ。

⑤**険**しい山道をすすむ。

⑥のんびりと**構**える。

⑦**寸暇**を惜しむ。

⑧妹は年の割に**分別**がある。

⑨陰であれこれ**画策**する。

⑩気力を**奮**って立ち上がる。

第21回解答

① 本を**アラワ**す。
→文章を書いて世に出す。

② 委員長に**オ**す。
→推薦する。

③ 時間を**サ**く。
→一部分を分けて他に回す。

④ 荷物を**カツ**ぐ。
→かたに乗せる。

⑤ **ケワ**しい山道をすすむ。
→傾斜が急で、容易には登れないようす。

⑥ のんびりと**カマ**える。
→他人に対処するために態勢・姿勢をとる。

⑦ **スンカ**を惜しむ。
→わずかなひま。短い時間。

⑧ 妹は年の割に**フンベツ**がある。
→人として求められる世の中の道理。

⑨ 陰であれこれ**カクサク**する。
→計画を立てる。

⑩ 気力を**フル**って立ち上がる。
→充実して。

点

まちがえたものはここに書き出す

第22回問題　　　目標10点（各1点）

①境内に**夜店**が並ぶ。

②事件は**公**に発表された。

③修学旅行の**引率**を行う。

④世界の**恒久**平和を願う。

⑤荒波が**岸壁**に打ち寄せる。

⑥父の**戒**めを胸に旅立つ。

⑦布を**織**るための機械が発明された。

⑧ご意見を**承**りたいと思います。

⑨この地域では**養蚕**が盛んだ。

⑩**粒子**の研究をする。

第22回解答

① 境内に**ヨミセ**が並ぶ。
→夜、道ばたで物を売る店。

② 事件は**オオヤケ**に発表された。
→一般の人々に。

③ 修学旅行の**インソツ**を行う。
→多くの人を引き連れること。

④ 世界の**コウキュウ**平和を願う。
→永久。

⑤ 荒波が**ガンペキ**に打ち寄せる。
→険しく切り立った岸。

⑥ 父の**イマシ**めを胸に旅立つ。
→教えさとすこと。

⑦ 布を**オル**ための機械が発明された。
→糸を縦・横に組み合わせて布を作る。

⑧ ご意見を**ウケタマワリ**たいと思います。
→「聞く」「伝え聞く」「引き受ける」の謙譲語。

⑨ この地域では**ヨウサン**が盛んだ。
→繭を取るために蚕を育てること。

⑩ **リュウシ**の研究をする。
→細かな粒。

点

まちがえたものはここに書き出す

第23回問題　　目標10点（各1点）

①古い慣習に|風||穴|を開ける。

②赤い|縁|取りのハンカチ。

③水を|注|ぐ。

④|屋||外|で運動する。

⑤机上の|空||論|では意味がない。

⑥人波に|逆|らって進む。

⑦立ち入り禁止の|札|を立てる。

⑧|画||一|的な指導では効果はない。

⑨|改|まったあいさつをする。

⑩|雨||垂|れの音がする。

第23回解答

① 古い慣習に**カザアナ**を開ける。
→「カザアナを開ける」で新風を吹き込む。

② 赤い**フチ**取りのハンカチ。
→物のへり。

③ 水を**ソソ**ぐ。
→流し入れる。

④ **オクガイ**で運動する。
→屋外。家の外。

⑤ 机上の**クウロン**では意味がない。
→「机上の空論」で実際には役に立たない意見。

⑥ 人波に**サカ**らって進む。
→反対の方向に向かう。

⑦ 立ち入り禁止の**フダ**を立てる。
→文字などが書いてある木片・紙片。

⑧ **カクイツ**的な指導では効果はない。
→すべてを一様にすること。

⑨ **アラタ**まったあいさつをする。
→口のきき方の特徴。

⑩ **アマダ**れの音がする。
→軒などから落ちる雨のしずく。

点

まちがえたものはここに書き出す

第24回問題　　目標10点（各1点）

① 荒れた土地を**耕**す。

② 茶道の**精神**を学ぶ。

③ 思い出を胸に**刻**む。

④ **貴重**な経験をした。

⑤ そんなの**言語道断**だ。

⑥ 植物の**分布**を調べる。

⑦ **頭**が高い。

⑧ スポーツ界に**君臨**する。

⑨ あわれな**最期**をとげる。

⑩ さし**障**りができたので行けない。

第24回解答

① 荒れた土地を**タガヤ**す。
→田畑を掘り返して作物が育つようにする。

② 茶道の**セイシン**を学ぶ
→物事の根本。

③ 思い出を胸に**キザ**む。
→心に残す。

④ **キチョウ**な経験をした。
→なかなか手に入らない大切なこと。

⑤ そんなの**ゴンゴドウダン**だ。
→話にならないほどひどいこと。

⑥ 植物の**ブンプ**を調べる。
→生物が地域のあちこちに広く分かれて存在すること。

⑦ **ズ**が高い。
→「頭が高い」で無礼で尊大なこと。

⑧ スポーツ界に**クンリン**する。
→その世界で、人々の上に立って絶対的な勢力をふるう。

⑨ あわれな**サイゴ**をとげる。
→命の尽きるとき。

⑩ さし**サワ**りができたので行けない。
→物事が進むのをさまたげる事情。

点

まちがえたものはここに書き出す

第25回問題　　　目標10点（各1点）

① **後世** に残る作品を作りたい。

② 紙数が足りないので **割愛** する。

③ **磁石** を使って実験をする。

④ **仁王** 立ちして行く手をはばむ。

⑤ 年長者を **敬** う。

⑥ 制服を **貸与** する。

⑦ **穀倉** 地帯が広がる。

⑧ **雌雄** を決する。

⑨ 魚の腹を **割** く。

⑩ 友人の **胸中** を思いやる。

第25回解答

① **コウセイ**に残る作品を作りたい。
→のちの時代。

② 紙数が足りないので**カツアイ**する。
→惜しいがやむを得ず省略する。

③ **ジシャク**を使って実験をする。
→鉄を吸い寄せる性質をもつ物体。

④ **ニオウ**立ちして行く手をはばむ。
→寺門の両側に置かれる一対の金剛力士像。

⑤ 年長者を**ウヤマ**う。
→目上の人を大切にして、礼を尽くす。

⑥ 制服を**タイヨ**する。
→貸し与えること。

⑦ **コクソウ**地帯が広がる。
→穀物を入れておく倉。

⑧ **シユウ**を決する。
→優劣。

⑨ 魚の腹を**サ**く。
→切り開く。

⑩ 友人の**キョウチュウ**を思いやる。
→胸のうち。気持ち。

点

まちがえたものはここに書き出す

第26回問題　　目標10点（各1点）

①男は、池にくもの糸を[垂]らした。

②図書館の[蔵][書]数を調べる。

③[雑][木]林を歩く。

④彼の文体はとても[重][厚]だ。

⑤その場の空気を[和]らげる。

⑥[面][目]がたたない。

⑦費用の[内][訳]を調べる。

⑧山の[頂]が白くなった。

⑨全員がカメラに[収]まる。

⑩[冬][至]は12月22日ごろ。

第26回解答

① 男は、池にくもの糸を**タ**らした。
→少しずつ落とす。

② 図書館の**ゾウショ**数を調べる。
→所蔵されている書物。

③ **ゾウキ**林を歩く。
→さまざまな種類の樹木。

④ 彼の文体はとても**ジュウコウ**だ。
→重々しいようす。

⑤ その場の空気を**ヤワ**らげる。
→穏やかにする。

⑥ **メンボク**がたたない。
→世間の高い評価。

⑦ 費用の**ウチワケ**を調べる。
→総額に対する項目別の額。

⑧ 山の**イタダキ**が白くなった。
→いちばん高いところ。

⑨ 全員がカメラに**オサ**まる。
→きまった範囲の中にうまく入る。

⑩ **トウジ**は12月22日ごろ。
→二十四節気のひとつ。北半球では1年中で昼が最も短い日。

点

まちがえたものはここに書き出す

第27回問題　　目標10点（各1点）

①合成皮革のカバンを買う。

②正月にお雑煮を食べる。

③三階席から応援の幕を垂らす。

④男女参画社会

⑤この映像は圧巻だ。

⑥時間を費やす。

⑦全国を遊説する。

⑧源平の興亡を語る。

⑨綿密に打ち合わせる。

⑩ベートーベンの胸像がある。

第27回解答

① 合成**ヒカク**のカバンを買う。
→動物の毛を抜いて革を加工したもの。

② 正月にお**ゾウニ**を食べる。
→野菜・鶏肉などを煮た汁の中に餅を入れた正月の食べ物。

③ 三階席から応援の幕を**タ**らす。
→一方のはしを上方に支えて、もう一方のはしを下げる。

④ 男女**サンカク**社会。
→計画に加わること。

⑤ この映像は**アッカン**だ。
→作品の中で最もすぐれたもの。

⑥ 時間を**ツイ**やす。
→使う。

⑦ 全国を**ユウゼイ**する。
→政治家が各地を演説して回る。

⑧ 源平の**コウボウ**を語る。
→栄えることと滅びること。

⑨ **メンミツ**に打ち合わせる。
→細かいところまで念入りに。

⑩ ベートーベンの**キョウゾウ**がある。
→胸から上だけの彫刻の像。

点

まちがえたものはここに書き出す

第28回問題　　目標10点（各1点）

①油断は禁物だ。

②かかった費用の明細を調べる。

③綿織物の工場で働く。

④日本の基幹産業。

⑤大雨で土砂が流れ出す。

⑥彼女の朗らかな笑顔。

⑦潮の干満の時刻を調べた。

⑧著しく上達する。

⑨執念を燃やす。

⑩訳知り顔で話す。

第28回解答

月　　日

①油断は**キンモツ**だ。
→してはいけないこと。

②かかった費用の**メイサイ**を調べる。
→細かい点まで詳しい内容。

③**メンオリモノ**の工場で働く。
→木綿糸を織って作った布。

④日本の**キカン**産業。
→中心となるもの。

⑤大雨で**ドシャ**が流れ出す。
→土と砂。

⑥彼女の**ホガ**らかな笑顔。
→明るく快活なようす。

⑦潮の**カンマン**の時刻を調べた。
→潮のみちひ。

⑧**イチジル**しく上達する。
→だれにもはっきりわかる状態。

⑨**シュウネン**を燃やす。
→思い込んで、深くとらわれる思い。

⑩**ワケ**知り顔で話す。
→「訳知り」で物事などの事情にくわしいこと。

点

まちがえたものはここに書き出す

第29回問題　　目標10点（各1点）

① 夕方から粉雪が降った。

② 今がちょうど潮時だ。

③ 寒波が来た。

④ 極細の毛糸で手袋を編む。

⑤ 定石どおりにやる。

⑥ 布巾でテーブルをふく。

⑦ これは1級河川だ。

⑧ 器具を煮沸する。

⑨ 密談をする。

⑩ 聖地を巡る。

第29回解答

月　　日

① 夕方から**コナユキ**が降った。
→さらさらした粉のような細かい雪。

② 今がちょうど**シオドキ**だ。
→何かをするのに最適な頃合い。好機。

③ **カンパ**が来た。
→気温が急に下がって、激しい寒さがおそう現象。

④ **ゴクボソ**の毛糸で手袋を編む。
→いちばん細いこと。

⑤ **ジョウセキ**どおりにやる。
→物事を処理するのに最善の決まったやり方。

⑥ **フキン**でテーブルをふく。
→食器やテーブルなどをふく四角い小さな布。

⑦ これは1級**カセン**だ。
→大小のかわ。

⑧ 器具を**シャフツ**する。
→水などを火にかけて煮たたせること。

⑨ **ミツダン**をする。
→秘密の話。

⑩ 聖地を**メグ**る。
→あちこちとまわりながら歩く。

点

まちがえたものはここに書き出す

第30回問題　　目標10点（各1点）

① 門出 を祝う。

② 一矢 を報いる。

③ 世間に 流布 する。

④ 出かける 支度 をする。

⑤ 早速 始めてみよう。

⑥ それは 正夢 かもしれない。

⑦ それは 無難 な選択だ。

⑧ かわいい 幼子。

⑨ 雨が 夜半 に降り出した。

⑩ 旅行して 見聞 を広める。

第30回解答

月　　日

① **カドデ**を祝う。
→転機となることのために家を出ること。

② **イッシ**を報いる。
→「一矢を報いる」で相手の攻撃に対して反撃する。

③ 世間に**ルフ**する。
→広く知れわたること。

④ 出かける**シタク**をする。
→物事を始める前の準備。

⑤ **サッソク**始めてみよう。
→すぐに。

⑥ それは**マサユメ**かもしれない。
→現実に起きたとおりのことが現れる夢。

⑦ それは**ブナン**な選択だ。
→欠点はないが月並みなようす。

⑧ かわいい**オサナゴ**。
→幼い子ども。

⑨ 雨が**ヤハン**に降り出した。
→夜。真夜中。

⑩ 旅行して**ケンブン**を広める。
→見たり聞いたりして得る知識や経験。

点

まちがえたものはここに書き出す

第3章 意外に書けない小学生漢字

●第1章よりやや難易度が高くなります。しかし、小学生で習得すべき漢字なので、すべての問題が解けなければいけません。

　解けなかった漢字は繰り返し練習して、完全に習得してください。

　また例文の中で漢字の意味、用法もしっかりと学習する必要があります。

問題 次の□の中に入る、正しい漢字を答えなさい。

★はややレベルが高い。

第31回問題 目標9点（各1点）

① 大昔から□□（ケイショウ）されてきた祭り。

② 姉は舞台□□（ハイユウ）を目ざしている。

③ 市民が講演に□□（サンシュウ）する。★

④ くわしいことは□□（センモン）家にきく。

⑤ 各国の□□（シュノウ）が一堂に会する。

⑥ □□（ショウミ）期限が切れる。

⑦ □□（テンケイ）的な現代人の行動だ。

⑧ 自分の□□（カンジュ）性くらい自分で守れ。

⑨ 母の口ぐせには□□（ヘイコウ）する。★

⑩ 新しいシステムを□□（ドウニュウ）する。

第31回解答

① 大昔から**継承**されてきた祭り。
→受け継ぐこと。

② 姉は舞台**俳優**を目ざしている。
→演劇や映画などで役を演じることが職業の人。

③ 市民が講演に**参集**する。
→人びとがたくさん集まること。

④ くわしいことは**専門**家にきく。
→ひとつのことだけを研究・担当する。

⑤ 各国の**首脳**が一堂に会する。
→団体や組織のなかで中心となって活躍する人。

⑥ **賞味**期限が切れる。
→おいしく味わうこと。

⑦ **典型**的な現代人の行動だ。
→同類のもののなかで、その特徴をよく表し代表となるもの。

⑧ 自分の**感受**性くらい自分で守れ。
→ものを敏感に感じ取ること。

⑨ 母の口ぐせには**閉口**する。
→どうにもならず困りきること。

⑩ 新しいシステムを**導入**する。
→導き入れる。

点

まちがえたものはここに書き出す

第32回問題   目標9点（各1点）

① <ruby>出鼻<rt>デバナ</rt></ruby>をくじかれる。

② <ruby>雑穀<rt>ザッコク</rt></ruby>入りのごはんを食べる。★

③ くしゃみはかぜの<ruby>兆候<rt>チョウコウ</rt></ruby>だ。

④ <ruby>頭角<rt>トウカク</rt></ruby>を表す。

⑤ <ruby>真価<rt>シンカ</rt></ruby>が問われる時が来た。

⑥ <ruby>険悪<rt>ケンアク</rt></ruby>な雰囲気。

⑦ クスリの<ruby>効能<rt>コウノウ</rt></ruby>を確かめる。

⑧ 前後の<ruby>見境<rt>ミサカイ</rt></ruby>なく怒り出す。

⑨ <ruby>祝辞<rt>シュクジ</rt></ruby>を述べる。

⑩ <ruby>源泉<rt>ゲンセン</rt></ruby>から湯をくみ上げる。★

第32回解答

① **出鼻**をくじかれる。
→物事の最初。

② **雑穀**入りのごはんを食べる。
→粟・ひえ・豆など米と麦以外の穀物の総称。

③ くしゃみはかぜの**兆候**だ。
→何かが起こる前ぶれ。

④ **頭角**を表す。
→「頭角を表す」で才能や学識などがぬきんでること。

⑤ **真価**が問われる時が来た。
→本当の値うち。

⑥ **険悪**な雰囲気。
→危険で油断のできないようす。

⑦ クスリの**効能**を確かめる。
→薬などのききめ。

⑧ 前後の**見境**なく怒り出す。
→物事のよしあしなどの判断。

⑨ **祝辞**を述べる。
→お祝いの言葉。

⑩ **源泉**から湯をくみ上げる。
→水や温泉のわき出るもと。

点

まちがえたものはここに書き出す

第33回問題   目標9点(各1点)

①全員が深く□□した意見。★ (キョウメイ)

②正直がわたしの□□です。 (シンジョウ)

③彼のほうが□□強い。 (ダンゼン)

④□□がある。 (ドキョウ)

⑤今日は□□雨だ。 (シュウジツ)

⑥飛行機を□□する。★ (ソウジュウ)

⑦家具の□□工場を見学する。 (セイゾウ)

⑧日本国□□を守る。 (ケンポウ)

⑨□□にかえって遊ぶ。 (ドウシン)

⑩□□の鐘を聞く。 (ジョヤ)

第33回解答

① 全員が深く**共鳴**した意見。
→他人の意見や行動に同じ考えをもつこと。

② 正直がわたしの**信条**です。
→正しいと信じて守っている事柄。

③ 彼のほうが**断然**強い。
→他とけたはずれに違うようす。

④ **度胸**がある。
→何があっても動じない強い意志。

⑤ 今日は**終日**雨だ。
→一日中。

⑥ 飛行機を**操縦**する。
→航空機を動かすこと。

⑦ 家具の**製造**工場を見学する。
→原料を加工して製品を作ること。

⑧ 日本国**憲法**を守る。
→国家の組織と作用について定めた国家最高の法規。

⑨ **童心**にかえって遊ぶ。
→子どものようなむじゃきな心。

⑩ **除夜**の鐘を聞く。
→おおみそか(12月31日)の夜

点

まちがえたものはここに書き出す

第34回問題　　目標9点（各1点）

①王座に□□する。★（クンリン）

②定期的に□□する。（テンケン）

③□□を見る。（エンゲキ）

④道路□□に従う。（ヒョウシキ）

⑤□□な性格。（カイカツ）

⑥礼儀□□を身につける。（サホウ）

⑦消息を□つ。（タ）

⑧□□な方法ですませる。（カンベン）

⑨犯人のうそを□□する名探偵。★（カンパ）

⑩月が湖面に□る。（ウツ）

第34回解答

①王座に**君臨**する。
→君主としていちばん上に立ち国を治める。

②定期的に**点検**する。
→不具合や異常がないか、細かく調べる。

③**演劇**を見る。
→俳優が脚本に従い、舞台の上で演ずる芸術。

④道路**標識**に従う。
→目じるし。

⑤**快活**な性格。
→きびきびしていて元気のよいようす。

⑥礼儀**作法**を身につける。
→行いの手本となる決まり。

⑦消息を**絶**つ。
→続いているものを切る。

⑧**簡便**な方法ですませる。
→手軽で便利なようす。

⑨犯人のうそを**看破**する名探偵。
→表にあらわれないことを見破る。

⑩月が湖面に**映**る。
→水面や鏡などにものの姿が現れ出る。

点

まちがえたものはここに書き出す

第35回問題   目標9点（各1点）

① 伝統的な日本￼カオク￼を建てる。

② 食事にショウタイする。

③ キミが悪い怪談話。★

④ 悠々ジテキの生活をおくる。

⑤ コンをつめて勉強した。★

⑥ マンチョウの時刻を調べる。

⑦ ケントウを重ねた上での判断だ。

⑧ コウテツのようなたくましい体。

⑨ だまっているほうがトクサクだ。

⑩ 病人をテアツく看護する。

第35回解答

①伝統的な日本**家屋**を建てる。
→家の建物。

②食事に**招待**する。
→人を呼んでもてなすこと。

③**気味**が悪い怪談話。
→「気味が悪い」で気持ちが悪い。

④悠々**自適**の生活をおくる。
→心のままに過ごすこと。

⑤**根**をつめて勉強した。
→「根をつめる」ひとつのことに没頭して立ち向かうこと。

⑥**満潮**の時刻を調べる。
→満ち潮。

⑦**検討**を重ねた上での判断だ。
→物事をいろいろな角度からよく調べ、良しあしを考える。

⑧**鋼鉄**のようなたくましい体。
→炭素の量を少なくした強い鉄。

⑨だまっているほうが**得策**だ。
→有利なやり方。

⑩病人を**手厚**く看護する。
→ていねいに。

点

まちがえたものはここに書き出す

第36回問題 目標9点（各1点）

① 最近の【フウチョウ】。

② 卒業式で【トウジ】をのべる。★

③ 新たに【チョスイチ】を作る。

④ 大統領の【ソッキン】。

⑤ 【シュウサン】両院で可決される。

⑥ 選挙で【ミンイ】を問う。

⑦ 【キョシュウ】を明らかにする。★

⑧ 【ネンピ】のよい自動車。

⑨ 神社【ブッカク】。

⑩ 全作品中の【アッカン】。

第36回解答

① 最近の**風潮**。
→世の中の傾向。

② 卒業式で**答辞**をのべる。
→式辞や送辞に答えて述べる言葉。

③ 新たに**貯水池**を作る。
→水をためておく人工の池。

④ 大統領の**側近**。
→組織の長などのそば近くに仕える人。

⑤ **衆参**両院で可決される。
→衆議院と参議院。

⑥ 選挙で**民意**を問う。
→国民の意思。

⑦ **去就**を明らかにする。
→地位や役目から退くか留まるかということ。

⑧ **燃費**の良い自動車。
→1リットルの燃料で走行できるキロ数。

⑨ 神社**仏閣**。
→寺の建物。

⑩ 全作品中の**圧巻**。
→作品の中で最も優れたもの。

点

まちがえたものはここに書き出す

第37回問題　　　目標9点（各1点）

① ブナン な人選。

② 日本語の キゲン をさぐる。

③ カホウ は寝て待て。★

④ 縁は イ なもの。★

⑤ アクセン 身につかず。

⑥ 完全 ネンショウ させる。

⑦ 友の顔が ノウリ に浮かんだ。

⑧ ゼンイ の寄付が集まる。

⑨ 意見を カンケツ にまとめる。

⑩ サンミ の強いくだもの。

第37回解答

① **無難**な人選。
→素晴らしくはないが悪くもないようす。

② 日本語の**起源**をさぐる。
→物事の始まり。

③ **果報**は寝て待て。
→幸運。

④ 縁は**異**なもの。
→縁というものは不思議なものだ。

⑤ **悪銭**身につかず。
→不正な方法やばくちなどで得たお金。

⑥ 完全**燃焼**させる。
→エネルギーのすべてをかけてやりとげること。

⑦ 友の顔が**脳裏**に浮かんだ。
→頭の中。

⑧ **善意**の寄付が集まる。
→他人のためになることを願う気持ち。

⑨ 意見を**簡潔**にまとめる。
→簡単で要領よくまとまっているようす。

⑩ **酸味**の強いくだもの。
→すっぱい味。

点

まちがえたものはここに書き出す

第38回問題　　　目標9点（各1点）

①身の安全を　[ハカ]　る。★

②特別な任務を　[オ]　びる。

③会社で休みを　[モウ]　ける。

④口をすべらせて、　[ボケツ]　をほった。

⑤結果よりも　[カテイ]　が大事だ。★

⑥美術の授業で　[ハンガ]　を学ぶ。

⑦　[キセイ]　緩和に対応する。

⑧　[トウトツ]　に話題を変える。★

⑨発言が　[ハモン]　を呼ぶ。

⑩二つの案は　[ヘイコウ]　して準備する。

第38回解答

①身の安全を**図**る。
→くふうする。

②特別な任務を**帯**びる。
→受けもつ。

③会社で休みを**設**ける。
→つくる。

④口をすべらせて、**墓穴**をほった。
→「墓穴を掘る」で自分の行動が原因となって破滅する。

⑤結果よりも**過程**が大事だ。
→物事の進んでいく途中の成り行き。

⑥美術の授業で**版画**を学ぶ。
→木版・銅板などで刷った絵。

⑦**規制**緩和に対応する。
→物事を制限すること。

⑧**唐突**に話題を変える。
→突然でちぐはぐな感じ。

⑨発言が**波紋**を呼ぶ。
→影響。

⑩二つの案は**並行**して準備する。
→同時に進めること。

点

まちがえたものはここに書き出す

第39回問題　　目標9点（各1点）

① [タケザイク]□□□の作品。

② もう一月[ナカ]□ばですよ。

③ 星の動きを[カンソク]□□しています。

④ [ゼッタイゼツメイ]□□□□のピンチをのがれた。

⑤ 兄の絵は[キワダ]□□って良かった。★

⑥ 長い間の努力が[トロウ]□□に終わる。★

⑦ 難問が[サンセキ]□□している。

⑧ [コウバイ]□□の花がさく。

⑨ ちょっと[ハイシャク]□□いたします。★

⑩ 民衆の支持を得て[アッショウ]□□した。

第39回解答

① **竹細工**の作品。
→竹を材料にして作られたもの。

② もう一月**半**ばですよ。
→半分。

③ 星の動きを**観測**しています。
→天体などの自然現象を観察して測定すること。

④ **絶体絶命**のピンチをのがれた。
→どうしようもなく追いつめられた状態。

⑤ 兄の絵は**際立**って良かった。
→他と比べてはっきり目立って。

⑥ 長い間の努力が**徒労**に終わる。
→むだな骨折り。

⑦ 難問題が**山積**している。
→問題や仕事などがたまること。

⑧ **紅梅**の花がさく。
→紅色の花が咲く梅。

⑨ ちょっと**拝借**いたします。
→借りることの謙譲語。

⑩ 民衆の支持を得て**圧勝**した。
→人の行動などに賛成して応援すること。

点

まちがえたものはここに書き出す

第40回問題　　目標9点（各1点）

① [ヨ][キ]しない事件にぶつかる。

② [カ][ド]なかざりつけは良くない。

③ 作品を[ジ][ガ]自賛する。

④ 激しく[ベンゼツ]をふるう。

⑤ 機嫌を[ソコ]なう。

⑥ [オンコウ]な人柄。

⑦ その件については[フクアン]がある。★

⑧ 彼の悪だくみは[カンカ]できない。

⑨ 大学で法学を[オサ]める。

⑩ 事故の原因を[オ]しはかる。★

第40回解答

① **予期**しない事件にぶつかる。
→何か起きることを予想し待つこと。

② **過度**なかざりつけは良くない。
→適切な程度を越していること。

③ 作品を**自画**自賛する。
→「自画自賛」で自分で描いた絵を自分でほめること。

④ 激しく**弁舌**をふるう。
→話しぶり。

⑤ 機嫌を**損**なう。
→気分を悪くさせる。

⑥ **温厚**な人柄。
→穏やかで人情深い。

⑦ その件については**腹案**がある。
→自分の心のなかにもっている構想。

⑧ 彼の悪だくみは**看過**できない。
→見のがすこと。

⑨ 大学で法学を**修**める。
→学問などを身につける。

⑩ 事故の原因を**推**しはかる。
→あることをもとにして物事を推測する。

点

まちがえたものはここに書き出す

第41回問題　　目標9点（各1点）

① 野菜の　　　　（チョゾウコ）。

② 時間を　　　　（ゲンシュ）する。

③ 　　　　（ミンシュウ）の声を聞く。

④ 海外の　　　　（ヒキョウ）をおとずれる。

⑤ 心臓を　　　　（イショク）する。

⑥ 　　　　（ソウイ）工夫が必要だ。

⑦ ものすごい　　　　（ギョウソウ）でにらんだ。★

⑧ この道具は　　　　（チョウホウ）する。★

⑨ 　　　　　（ムキシツ）な表情だ。

⑩ 自分の名前を　　　　（トウロク）する。

第41回解答

① 野菜の**貯蔵庫**。
→物をたくわえておく蔵。

② 時間を**厳守**する。
→堅く守ること。

③ **民衆**の声を聞く。
→世間一般の人。

④ 海外の**秘境**をおとずれる。
→人にあまり知られていない場所。

⑤ 心臓を**移植**する。
→体の臓器を取り出し、他人の体に移すこと。

⑥ **創意**工夫が必要だ。
→新しい考えを生み出そうとする気持ち。

⑦ ものすごい**形相**でにらんだ。
→顔つき。

⑧ この道具は**重宝**する。
→便利で役に立つようす。

⑨ **無機質**な表情だ。
→人の温かみを感じない。

⑩ 自分の名前を**登録**する。
→正式な帳簿にのせること。

点

まちがえたものはここに書き出す

第42回問題　　目標9点（各1点）

① 試合前に□□（シキ）を高める。

② 祖母からの□□（タッピツ）な手紙。

③ 飛行機の□□（モケイ）を作る。

④ □□（ハチク）の勢いで勝ち上がる。★

⑤ 自動車□□（シンニュウ）禁止の道路。

⑥ 真っ赤に□（ウ）れた庭の柿。★

⑦ 出発を□（ノ）ばすことにした。

⑧ 製品の注文が□□（サットウ）する。

⑨ 国の□□（キカン）となる産業だ。

⑩ 悪口を言って他人を□□（チュウショウ）する。

第42回解答

① 試合前に**士気**を高める。
→集団で何かを行うときのメンバーの意気込み。

② 祖母からの**達筆**な手紙。
→上手に書かれた文字。

③ 飛行機の**模型**を作る。
→実物をまねて同じように作ったもの。

④ **破竹**の勢いで勝ち上がる
→「破竹の勢い」で止めることのできないほどの盛んな勢い。

⑤ 自動車**進入**禁止の道路。
→進んでいって入ること。

⑥ 真っ赤に**熟**れた庭の柿。
→果実が熟す。

⑦ 出発を**延**ばすことにした。
→遅らせる。

⑧ 製品の注文が**殺到**する。
→多くのものが一時に押し寄せること。

⑨ 国の**基幹**となる産業だ。
→中心となるもの。

⑩ 悪口を言って他人を**中傷**する。
→根拠のない話で他人の名誉を傷つけること。

点

まちがえたものはここに書き出す

第43回問題　　目標9点（各1点）

①花木を□ぎ木する。★ (ツ)

②□□から激しい雨になった。(ヤハン)

③□□的に雨が降る。(キョクチ)

④□やかに机を移動させなさい。★ (スミ)

⑤写真フィルムを□□する。(ゲンゾウ)

⑥彼の話に□□された。★ (センノウ)

⑦□□の栗を拾う。(カチュウ)

⑧森の中を□□する。(サンサク)

⑨何とか製品の□□に間に合った。(ノウキ)

⑩老人は□□がよくない。(タイシャ)

第43回解答

① 花木を**接**ぎ木する。
→「接ぎ木」で枝などを他の植物につぐこと。

② **夜半**から激しい雨になった。
→夜。真夜中。

③ **局地**的に雨が降る。
→一部の限られた地域。

④ **速**やかに机を移動させなさい。
→すばやく。

⑤ 写真フィルムを**現像**する。
→撮影したフィルムや乾板などに薬品を使って映像を現すこと。

⑥ 彼の話に**洗脳**された。
→人の主義や主張を完全に変えさせる。

⑦ **火中**の栗を拾う。
→「火中の栗を拾う」で他人のために危険をおかすこと。

⑧ 森の中を**散策**する。
→散歩。

⑨ 何とか製品の**納期**に間に合った。
→商品や税金などを納める期限。

⑩ 老人は**代謝**がよくない。
→生体が必要なものを取り入れ、不要なものを捨てること。

点

まちがえたものはここに書き出す

第44回問題 目標9点（各1点）

① 球場から人々の□□(カンセイ)が聞こえる。

② ハンバーグは大□□(コウブツ)だ。

③ 入学には□□(シュウハ)は問わない。

④ 彼と私は□□(チクバ)の友だ。

⑤ □(ウルオ)いのある肌。

⑥ □□(トトウ)を組んで悪さをする。★

⑦ □□(カキュウ)の用件で上京した。★

⑧ 問題の□□(カクシン)にせまる。

⑨ 自分□□(ホンイ)の考え方。

⑩ 表彰状を□□(ジュヨ)される。

第44回解答

①球場から人々の**歓声**が聞こえる。
→喜んであげる叫び声。

②ハンバーグは大**好物**だ。
→好きな食べ物。

③入学には**宗派**は問わない。
→同じ宗教のなかでの分派。

④彼と私は**竹馬**の友だ。
→「竹馬の友」で幼いころからの友人。

⑤**潤**いのある肌。
→水分を含んでしっとりしている。

⑥**徒党**を組んで悪さをする。
→よくないことを行うために集まった仲間。

⑦**火急**の用件で上京した。
→急いでやらなければならないようす。

⑧問題の**核心**にせまる。
→物事の中心となる重要な部分。

⑨自分**本位**の考え方。
→考えなどのもとになる基準。

⑩表彰状を**授与**される。
→授け与えること。

点

まちがえたものはここに書き出す

第4章 意外に読めない小学生漢字

●意外に間違いやすい漢字の読みを集めています。漢字の読み方は意味と密接につながっています。

特に、例文の中でその漢字がどのような意味として使われているか、丁寧に確認してください。

語彙力が豊富になり、あなたの言葉の世界がどんどん広がっていくことでしょう。

問題　次の□の中の漢字の読みを答えなさい。

　　　　　　　　★はややレベルが高い。

第45回問題　　　目標9点（各1点）

① 百足

② 海女

③ 猛者 ★

④ 至極ごもっともな意見。

⑤ 前人未到の記録を達成した。

⑥ 施設を建てる。

⑦ 携帯電話が普及する。

⑧ 眺望の良い山に登る。

⑨ 米を研ぐ。★

⑩ はじも外聞もない。

第45回解答

① ムカデ
→節足動物。多数の節からなり、節ごとに一対の足がある。

② アマ
→海に潜って貝や海藻などを採ることを仕事としている女性。

③ モサ
→強くて勇ましく体力や技術が優れている人。

④ シゴクごもっともな意見。
→このうえなく。

⑤ ゼンジン未到の記録を達成した。
→「前人未到」で今までだれも達することのできない程度。

⑥ シセツを建てる。
→ある目的のためにこしらえられた建物や設備。

⑦ ケイタイ電話が普及する。
→「携帯電話」で持ち歩くことのできる電話。

⑧ チョウボウの良い山に登る。
→眺め。見晴らし。

⑨ 米をトぐ。
→水の中でこすって洗う。

⑩ はじもガイブンもない。
→自分が外部のうわさになること。

点

まちがえたものはここに書き出す

第46回問題　　　目標9点（各1点）

①私の目は**節穴**ではない。

②ゴミを**分別**する。★

③妹には母の**面影**がある。

④**若干名**を採用する予定だ。

⑤スマートフォンが**普及**する。

⑥質問は**一切**ことわっている。★

⑦復興の重要性を**説**いて聞かせる。

⑧**寸法**違いの服を買った。

⑨チームで**紅一点**の妹。

⑩**下手**でも努力する。

第46回解答

①私の目は**フシアナ**ではない。
→見抜く力をもたない目。

②ゴミを**ブンベツ**する。
→種類別に分けること。

③妹には母の**オモカゲ**がある。
→記憶に残っているある人の顔かたち。

④**ジャッカンメイ**を採用する予定だ。
→少しの人数。

⑤スマートフォンが**フキュウ**する。
→広く世の中に広まること。

⑥質問は**イッサイ**ことわっている。
→すべて。

⑦復興の重要性を**ト**いて聞かせる。
→話して聞かせて承知させる。

⑧**スンポウ**違いの服を買った。
→長短の具合。長さや太さ。

⑨チームで**コウイッテン**の妹。
→多くの男性の中に一人だけ女性がいること。

⑩**ヘタ**でも努力する。
→技術などが劣っているようす。

点

まちがえたものはここに書き出す

第47回問題　　目標9点（各1点）

①**骨身**をおしまず勉学に努めた。

②街は**暮色**に包まれている。

③世界に向けて**門戸**を開く。★

④**穀物**を倉庫に保存する。

⑤道路に**砂利**がしかれている。★

⑥この仕事は**打算**抜きにする。

⑦問題点は**枚挙**にいとまがない。

⑧頭から汗が**滴**る。★

⑨**長兄**の意見を聞く。

⑩**無造作**に絵の具を塗った。

第47回解答

① ホネミをおしまず勉学に努めた。
→「骨身をおしまず」で労苦をいとわず努力する。

② 街はボショクに包まれている。
→夕暮れの薄暗さ。

③ 世界に向けてモンコを開く。
→入り口。

④ コクモツを倉庫に保存する。
→人が主食とする米・麦・豆などの作物。

⑤ 道路にジャリがしかれている。
→砕けて水で洗われ、角がとれて丸くなった小石。

⑥ この仕事はダサン抜きにする。
→損得を計算すること。

⑦ 問題点はマイキョにいとまがない。
→「枚挙にいとまがない」で多すぎて数えきれない。

⑧ 頭から汗がシタタる。
→しずくとなって垂れる。

⑨ チョウケイの意見を聞く。
→いちばん上の兄。

⑩ ムゾウサに絵の具を塗った。
→考えずに簡単にするようす。

点

まちがえたものはここに書き出す

第48回問題　　　目標9点（各1点）

① 母は**右往左往**するばかり。

② ピアノを**奏**でる。

③ 妹に**指図**する。

④ **七夕**のお祭り。

⑤ **音**を上げる。★

⑥ **社**へお参りに行く。

⑦ 運動会でわが組は**惜敗**した。

⑧ やむを得ず会長に**直訴**する。★

⑨ 彼とは十年来の**知己**である。

⑩ **小豆**を食べる。

第48回解答

① 母は**ウオウサオウ**するばかり。
→混乱して右へ行ったり左に行ったりすること。

② ピアノを**カナ**でる。
→演奏する。

③ 妹に**サシズ**する。
→言いつけて人にさせること。

④ **タナバタ**のお祭り。
→7月7日の夜、織姫星とけん牛星が会うのを祭る。

⑤ **ネ**を上げる。
→「音を上げる」で弱音をはく。

⑥ **ヤシロ**へお参りに行く。
→神社。

⑦ 運動会でわが組は**セキハイ**した。
→惜しくも負けること。

⑧ やむを得ず会長に**ジキソ**する。
→手順を踏まず直接いちばん上の人に訴えること。

⑨ 彼とは十年来の**チキ**である。
→自分のことをよく知っている親友。

⑩ **アズキ**を食べる。
→マメ科の一年草で、種子はあんや赤飯に使用する。

点

まちがえたものはここに書き出す

第49回問題   目標9点(各1点)

①野山は春の|息||吹|でいっぱいだ。★

②時代劇で|曲||者|の役を演じる。

③暮らしを|彩|る花が咲く。★

④|厳|かな式に参加する。

⑤この暑さには|閉||口|した。

⑥彼のために苦労するなら|本||望|だ。

⑦朝顔の種が|発||芽|する。

⑧|静||脈|に注射をする。

⑨努力が|報|われた。

⑩一件|落||着|。

第49回解答

①野山は春の**イブキ**でいっぱいだ。
→きざし。

②時代劇で**クセモノ**の役を演じる。
→気の許せない怪しい者。

③暮らしを**イロド**る花が咲く。
→飾る。

④**オゴソ**かな式に参加する。
→威厳があって恐れさせるような。

⑤この暑さには**ヘイコウ**した。
→どうにもならなくて困ること。

⑥彼のために苦労するなら**ホンモウ**だ。
→望みをかなえた満足。

⑦朝顔の種が**ハツガ**する。
→芽を出すこと。

⑧**ジョウミャク**に注射をする。
→体の末梢部から心臓にもどる血液を運ぶ血管。

⑨努力が**ムク**われた。
→見合うようなものが返ってくる。

⑩一件**ラクチャク**。
→事件が解決すること。

点

まちがえたものはここに書き出す

第50回問題　　目標9点（各1点）

① **牧羊**犬が群れをまとめる。

② **不作法**な態度をとる。★

③ **里心**がついて実家に帰る。

④ **雑念**をはらう。

⑤ 命令に**背**くことは許されない。

⑥ 地中に**管**を通す。

⑦ **反物**をしまう。

⑧ **気高**い心を忘れない。★

⑨ 願いが**成就**する。

⑩ 美しい顔で**本性**を隠す。

第50回解答

① ボクヨウ犬が群れをまとめる。
→「牧羊犬」で放牧中の羊の番をするように訓練された犬。

② ブサホウな態度をとる。
→礼儀や作法に反しているようす。

③ サトゴコロがついて実家に帰る。
→実家や郷里を恋しく思う心。

④ ザツネンをはらう。
→考えに集中するのをさまたげるさまざまな思い。

⑤ 命令にソムくことは許されない。
→従わない。

⑥ 地中にクダを通す。
→細長い筒。

⑦ タンモノをしまう。
→和服を仕立てる織物。

⑧ ケダカい心を忘れない。
→気品があること。

⑨ 願いがジョウジュする。
→かなう。

⑩ 美しい顔でホンショウを隠す。
→ふだんは表にあらわれない生まれつきの性質。

点

まちがえたものはここに書き出す

第51回問題　　目標9点（各1点）

① **吹雪**になった。

② **図**らずも収入が増えた。

③ 満面に**喜色**をたたえている。★

④ **平生**から気をつける。

⑤ **柔和**な表情をみせる。

⑥ 白さが**際**立っている。

⑦ **真**に受ける。★

⑧ **甘言**に乗せられないように。

⑨ 肺炎の**兆候**を示す。

⑩ 京都で寺院**仏閣**をおとずれる。

117

第51回解答

① **フブキ**になった。
→激しい風とともに雪が横なぐりに降ること。

② **ハカ**らずも収入が増えた。
→「図らずも」で意図したわけではないのに。

③ 満面に**キショク**をたたえている。
→うれしそうな表情。

④ **ヘイゼイ**から気をつける。
→ふだんから。

⑤ **ニュウワ**な表情をみせる。
→やさしくて穏やかなようす。

⑥ 白さが**キワ**立っている。
→「際立つ」でまわりと比べてひときわ目立つ。

⑦ **マ**に受ける。
→新実。「真に受ける」で本当にする。

⑧ **カンゲン**に乗せられないように。
→人の心をひきつけるための口先だけの言葉。

⑨ 肺炎の**チョウコウ**を示す。
→きざし。前ぶれ。

⑩ 京都で寺院**ブッカク**をおとずれる。
→寺の建物。

点

まちがえたものはここに書き出す

第52回問題　　　目標9点（各1点）

①列車が立ち往生する。

②なりたい職業を疑似体験した。

③彼は生真面目な性格だ。

④感涙にむせぶ。

⑤鋭い眼差しで見る。★

⑥米俵をかつぐ。

⑦寒さのための身が凍える。

⑧野の花を手折る。★

⑨昨今の世界情勢を考える。

⑩必ず来るという言質を取った。★

第52回解答

①列車が立ちオウジョウする。
→「立ち往生」で動きがとれないこと。

②なりたい職業をギジ体験した。
→「疑似体験」で、現実に起こる感覚を体験すること。

③彼はキマジメな性格だ。
→度が過ぎるほど真面目なようす。

④カンルイにむせぶ。
→感激してながす涙。

⑤鋭いマナザしで見る。
→目つき。

⑥コメダワラをかつぐ。
→お米の入ったわらで編んだ袋。

⑦寒さのための身がコゴえる。
→寒さで体の感覚がなくなり、自由がきかなくなる。

⑧野の花をタオる。
→手で折る。

⑨サッコンの世界情勢を考える。
→近ごろ。

⑩必ず来るというゲンチを取った。
→後で証拠となる言葉。

点

まちがえたものはここに書き出す

第53回問題   目標9点（各1点）

① **神々**しいばかりの輝きがある。

② **障子**を開ける。

③ 多くの手続きを**経**る。★

④ **旅路**につく。

⑤ 弁舌に**長**けている生徒会長。★

⑥ この寺の**由来**を調べる。

⑦ 物見**遊山**に出かける。★

⑧ 洋服の**生地**を買う。

⑨ **納豆**を食べる。

⑩ **小春**日和。

第53回解答

① コウゴウしいばかりの輝きがある。
→「神々しい」で神がいるような感じで気高い。

② ショウジを開ける。
→和風建築で、廊下などと居室を仕切るための建具。

③ 多くの手続きをへる。
→過程として通る。

④ タビジにつく。
→旅行。

⑤ 弁舌にタけている生徒会長。
→すぐれている。

⑥ この寺のユライを調べる。
→物事が今日までたどってきた歴史。

⑦ 物見ユサンに出かける。
→遊びにいくこと。

⑧ 洋服のキジを買う。
→布地。

⑨ ナットウを食べる。
→大豆をはっこうさせて作った食品。

⑩ コハル日和。
→「小春日和」で陰暦十月ごろの晴れて暖かい日。

点

まちがえたものはここに書き出す

第54回問題　　目標9点（各1点）

① [気] [性] の荒い動物。★

② 板の [節] [穴] をふさぐ。

③ 新しい寺院が [建] [立] された。★

④ 心を込めて花を [供] えた。

⑤ 社会の [担] い手。

⑥ [拾] [得] 物を交番に届ける。

⑦ 道が [分] [岐] する。

⑧ [五] [月] [雨] の季節となる。

⑨ やかんから [湯] [気] が出る。

⑩ この [家] [屋] は地震に耐えられる。

第54回解答

① **キショウ**の荒い動物。
→生まれもった性質。

② 板の**フシアナ**をふさぐ。
→板などの節の抜けた穴。

③ 新しい寺院が**コンリュウ**された。
→寺院や堂などを建てること。

④ 心を込めて花を**ソナ**えた。
→神仏に差し上げる。

⑤ 社会の**ニナ**い手。
→「担い手」で責任をもって引き受ける人。

⑥ **シュウトク**物を交番に届ける。
→「拾得物」で拾った落とし物。

⑦ 道が**ブンキ**する。
→分かれること。

⑧ **サミダレ**の季節となる。
→陰暦五月ごろの長く続く雨。梅雨。

⑨ やかんから**ユゲ**がでる。
→湯から立ち上る水蒸気。

⑩ この**カオク**は地震に耐えられる。
→家の建物。

点

まちがえたものはここに書き出す

第55回問題   目標9点（各1点）

① あれこれと|策|略|を用いる。

② |木|綿|のハンカチ。

③ |内|裏|びなをかざる。★

④ 来年の|干|支|の人形を作る。

⑤ 十二月のことを「|師|走|」という。

⑥ 彼は|手|際|よく仕事をこなす。

⑦ 彼らは|異|口|同|音|に反対した。

⑧ |苦|虫|をかみつぶす。

⑨ 会を|発|足|させる。★

⑩ 物価が|下|落|する。

第55回解答

① あれこれと**サクリャク**を用いる。
→はかりごと。

② **モメン**のハンカチ。
→ワタの種についている白い繊維で作った織物。

③ **ダイリ**びなをかざる。
→「内裏びな」で男女一対のひな人形。

④ 来年の**エト**の人形を作る。
→十干と十二支を組み合わせたもの。

⑤ 十二月のことを「**シワス**」と言う。
→陰暦の十二月。

⑥ 彼は**テギワ**よく仕事をこなす。
→物事をとりさばく方法。

⑦ 彼らは**イクドウオン**に反対した。
→口をそろえて同じことを言う。

⑧ **ニガムシ**をかみつぶす。
→非常に不機嫌そうな顔。

⑨ 会を**ホッソク**させる。
→団体や組織が設立され、活動を始めること。

⑩ 物価が**ゲラク**する。
→下がること。

点

まちがえたものはここに書き出す

第56回問題　　目標9点（各1点）

① 郊外に|田|野|が広がる。

② 人民の|救|済|を目的としている。

③ |子|細|に研究する。

④ |筆|舌|に尽くしがたい。

⑤ 食卓の|和|やかな雰囲気。★

⑥ 上着を|羽|織|る。

⑦ 森の|木|立|。

⑧ |一|服|しませんか。

⑨ |下|手|から登場する。★

⑩ |栄|えある勝利。★

第56回解答

① 郊外に**デンヤ**が広がる。
　→田と野。

② 人民の**キュウサイ**を目的としている。
　→災害や不幸などから人を救うこと。

③ **シサイ**に研究する。★
　→詳しく。

④ **ヒツゼツ**に尽くしがたい。
　→書くことと話すこと。

⑤ 食卓の**ナゴ**やかな雰囲気。
　→うちとけたようす。

⑥ 上着を**ハオ**る。
　→引っかけるように着る。

⑦ 森の**コダチ**。
　→群がって生えている木。

⑧ **イップク**しませんか。
　→ひと休みすること。

⑨ **シモテ**から登場する。
　→観客席から見て左側の舞台。

⑩ **ハ**えある勝利。
　→光栄。ほまれ。

まちがえたものはここに書き出す

第57回問題　　目標9点（各1点）

①一番の<u>古株</u>だ。

②一念<u>発起</u>してがんばる。★

③彼の言葉は<u>含蓄</u>がある。

④商店街は<u>雑踏</u>を極めている。

⑤植物を<u>採取</u>する。

⑥真理に<u>至</u>る。

⑦<u>不世出</u>の画家。★

⑧彼は<u>素行</u>に問題がある。

⑨<u>清涼</u>感のある服装をしている。

⑩失敗を成長の<u>糧</u>にする。

第57回解答

① 一番のフルカブだ。
→古くからいる人。

② 一念ホッキしてがんばる。
→「一念発起」で思い立って何かを始めようとする決心。

③ 彼の言葉はガンチクがある。
→内容が豊かで奥深い味わいがあること。

④ 商店街はザットウを極めている。
→多くの人で混雑していること。

⑤ 植物をサイシュする。
→研究などのために選びとること。

⑥ 真理にイタルる。
→達する。

⑦ フセイシュツの画家。
→めったに現れないほど優れているようす。

⑧ 彼はソコウに問題がある。
→ふだんの行い。

⑨ セイリョウ感のある服装をしている。
→さわやかで気持ちのよい。

⑩ 失敗を成長のカテにする。
→何かをする活力の源。

点

まちがえたものはここに書き出す

第5章 表現力がアップする四字熟語

●四字熟語は、書き取り、読み、意味、そして、その使い方とさまざまな角度から捉え直す必要があります。

まさに四字熟語は漢字問題の華と言ってもいいでしょう。

上、中、もしくは下の漢字二字から、残りの二字の漢字を答えることもできなければなりません。

日常生活で、四字熟語を活用する場面は、予想以上に多いのです。

この機会に四字熟語に対する不安感を払拭できるようにしましょう。

問題　次の各問に答えなさい。

★はややレベルが高い。

第58回問題　　　目標8点（各1点）

●空欄に適する漢字を入れなさい。

① 弱□強□

→弱い者が強い者のえじきになること。

② □□模索

→手がかりがないまま、あれこれと試みること。

③ 他力□□★

→自分では努力せず、他人ばかりをあてにすること。

④ □□無恥

→恥知らずで、ずうずうしいこと。

⑤ □□鬼没

→自由自在に現れたり見えなくなったりすること。

●空欄に動物名を漢字で（ ）に意味を選びなさい。

⑥ 森羅万□（ ）★　⑦ □頭狗肉（ ）

⑧ □の威を借る狐（ ）

⑨ □の額（ ）　⑩ 花□風月

（意味）ア　きわめて狭いこと。

　　　　イ　宇宙に存在するすべてのものごと。

　　　　ウ　天地自然の美しい景色。

　　　　エ　有力者の権力をたてにいばる小者。

　　　　オ　見かけが立派で、実績がともなわないこと。

133

第58回解答

① (弱) 肉 (強) 食

② 暗中 (模索)

③ (他力) 本願

④ 厚顔 (無恥)

⑤ 神出 (鬼没)

⑥ 象 (イ)

⑦ 羊 (オ)

⑧ 虎 (エ)

⑨ 猫 (ア)

⑩ 鳥 (ウ)

点

まちがえたものはここに書き出す

第59回問題　　　　目標8点（各1点）

●□の中に入る数字を漢字で答えなさい。

① □苦□苦　　② □変□化

③ □転□倒　　④ □期□会

⑤ □寒□温

●「一□一□」という四字熟語を四つ作るときに不必要な漢字はどれか。二つ選びなさい。

⑥ □★　⑦ □★

短　退　会　語　進　答
代　長　世　期

●次の漢字の中から1字を選び、もう1字自分で考えて、次の意味に当てはまる熟語を答えなさい。

剣　返　言　時　義　務　主　張

⑧ 一生懸命ものごとをする→□□

⑨ 一つの語や表現がさまざまな意味を持つ→□□

●次の□に共通して入る漢字1字を前問の漢字群から選び、それを用いた四字熟語を答えなさい。

正□　流□　名□　□動　方□

⑩ □□□□★

第59回解答

① 四、八
② 千、万
③ 七、八
④ 一、一
⑤ 三、四
⑥ 語　　⑦ 答（順序は問わない）

→一世一代（演技や行いが一生のうちで最もすばらしいこと）

→一長一短（長所と短所が同時にあること）

→一進一退（よくなったり悪くなったりすること）

→一期一会（どんな出会いでも大切にしなければならない）

⑧ 真剣
⑨ 多義
⑩ 不言実行
→黙って実際に行うこと。

言語道断
→あきれはてて言葉も出ないほどひどいこと。

（どちらか一つできれば正解）

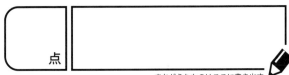

まちがえたものはここに書き出す

第60回問題　　　目標8点（各1点）

●次の四字熟語の□にあてはまる反対の意味の漢字を、答えなさい。また、それぞれの四字熟語の意味を、後のア～オの中から一つずつ選び（ ）に書きなさい。

① □耕□読

② 温□知□

③ □千□千

④ □□応報

⑤ □船□馬 ★

ア　行いの善悪に応じて、むくいがあること。

イ　世間からはなれて、自由な生活をすること。

ウ　あちこちをたえず旅行すること。

エ　さまざまな経験をして、ずるがしこいこと。

オ　古いことを研究して、新しいことを発見すること。

●次の四字熟語の中の誤った文字と正しい漢字を答えなさい。

⑥ 日新月歩

⑦ 千変万花

⑧ 絶対絶命 ★

⑨ 一期一絵

⑩ 転変地異 ★

第60回解答　　　　　月　　日

① 晴（耕）雨（読）　イ

②（温）故（知）新　オ

③ 海（千）山（千）　エ

④ 因果（応報）　ア

⑤ 南（船）北（馬）　ウ

⑥ 新→進（日進月歩）
→絶えず進歩すること。

⑦ 花→化（千変万化）
→さまざまに変わること。

⑧ 対→体（絶体絶命）
→どうしようもない状態に追いつめられること。

⑨ 絵→会（一期一会）
→一生に一度だけの出会い。

⑩ 転→天（天変地異）
→台風や地震など自然のわざわい。

点

まちがえたものはここに書き出す

第61回問題 目標8点（各1点）

●次の①～④の文の状況（じょうきょう）を表す四字熟語を、後の漢字を組み合わせて、それぞれ作りなさい。

①晴れれば田畑を耕し、雨なら読書をするように、自由に生きたい。

②わたしたちも四月からはもう中学生だから、気持ちをしっかり切りかえよう。★

③僕（ぼく）らは一発のホームランにより、絶望的な状態から盛り返して試合に勝った。

④今回の出来事は、今まで誰（だれ）も経験したことがないようなめずらしいものだった。★

新　読　聞　生　機　死　晴　回　問　心
不　前　動　耕　転　期　一　未　無　代　雨

●次の□に入る組み合わせを後の語群から選びなさい。

⑤針□棒□　　⑥□奔□走

⑦□往□往　　⑧驚□動□

⑨□魂□才　　⑩空□絶□

東西　　前後　　右左　　和洋
上下　　小大　　内外　　天地

第61回解答

① 晴耕雨読

② 心機一転

③ 起死回生

④ 前代未聞

⑤ 小　大（針小棒大）
→小さなことを大げさに言うこと。

⑥ 東　西（東奔西走）
→忙しくあちらこちらを動き回ること。

⑦ 右　左（右往左往）
→混乱して右へ行ったり左に行ったりすること。

⑧ 天　地（驚天動地）
→世間を驚かすこと。

⑨ 和　洋（和魂洋才）
→日本人の精神と西洋の知識をあわせ持つこと。

⑩ 前　後（空前絶後）
→昔も今も例がなく珍しいこと。

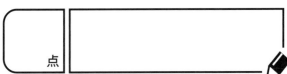

点

まちがえたものはここに書き出す

第62回問題 目標7点 (各1点、⑤〜⑦は各2点)

●次の□に漢字を書き入れ、四字熟語を完成させなさい。また、その四字熟語が [ ] にあてはまる文を後からそれぞれ選び ( ) 内に記号で答えなさい。

① 用意□□ ( )　　② □□一夕(いっせき) ( )

③ 異□同□ ( )　　④ 以心□□ ( )

実力を身につけるのは、[A] にはいかないものだ。
金婚式(きんこんしき)をむかえた妻とは [B] の関係だ。
運動会が中止されることに、六年生たちは [C] に反対を唱えた。
彼は計画を [D] に準備した。

●次の四字熟語の□に入る四つの漢字を二つずつ組み合わせてできる二つの熟語を答えなさい。

(例) 単刀□入 →直　　適□適所 →材
　　 弱肉強□ →食　　□進月歩 →日
　　 (答え) 日直・食材

⑤ □前絶後　言語□断　理□整然
　 奇想(きそう)□外　　□□・□□★

⑥ 有名無□　□行方正　絶□絶命
　 意□投合　　□□・□□★

●次の漢字を使って四つの四字熟語を作るとき、一つだけあまる漢字を答えなさい。★

栄　転　雷　入　和　付　刀　機　衰　同　心
枯　直　一　盛　不　単　　　　　　　⑦□★

第62回解答

① (用意) 周到 (D)

② 一朝 (一夕) (A)

③ (異) 口 (同) 音 (C)

④ (以心) 伝心 (B)

⑤ 天空・道路 (空前絶後、言語道断、理路整然、奇想天外)

⑥ 気品・実体 (有名無実、品行方正、絶体絶命、意気投合)

⑦ 不 (単刀直入、付和雷同、心機一転、栄枯盛衰)

第6章 表現力がアップする慣用表現

●慣用表現を完全に習得することは、自在な表現力を身につけることにつながります。

逆に、相手が慣用表現を用いた時、その意味が理解できなかったり、間違った意味に捉えてしまったりしたら、あなたの教養が疑われてしまいます。

本書で基本的な慣用表現を、その意味と共に不安のないようにしましょう。

問題 **次の各問に答えなさい。**

★はややレベルが高い。

第63回問題 目標8点(各1点)

●次の①〜④のことわざと同じ意味の四字熟語を後からそれぞれ一つずつ選び、ア〜エの記号で答えなさい。

① 青菜に塩 □

② 身から出たさび □★

③ ぬれ手にあわ □★

④ どんぐりの背比べ □

　ア　自業自得　　イ　大同小異
　ウ　意気消沈　　エ　一攫千金

●次の慣用表現の□にあてはまる体の部分を表す漢字をそれぞれ1字で答えなさい。

⑤ あの人の才能にはだれもが□を巻いた。

⑥ □から火が出るほどはずかしい。

⑦ □から鼻へぬける。

⑧ つらの□が厚い。

⑨ □も足も出ない。

⑩ □をなでおろす。

第63回解答

① **ウ**（意気消沈）
→元気がなくしおれていること。

② **ア**（自業自得）
→自分で招いた悪い結果。

③ **エ**（一攫千金）
→苦労することなく大きな利益を得ること。

④ **イ**（大同小異）
→どれも平凡で優れているものがない。

⑤ **舌**（舌を巻く）
→素晴らしい出来栄えに驚くこと。

⑥ **顔**（顔から火が出る）
→恥ずかしくて顔が真っ赤になること。

⑦ **目**（目から鼻に抜ける）
→頭の回転がとても良いこと。

⑧ **皮**（つらの皮が厚い）
→図々しいこと。

⑨ **手**（手も足もでない）
→自分の力ではどうしようもない。

⑩ **胸**（胸をなでおろす）
→ひと安心する。

点

まちがえたものはここに書き出す

第64回問題　　　目標8点（各1点）

●次の慣用句の□の中に漢字1字を入れて完成させなさい。

① □に衣着せぬ
② □り目にたたり目
③ □子にも衣装
④ □後のたけのこ★

●次のア～オのことわざや慣用句の組み合わせの中で、左と右の□に同じ漢字が入るものを二つ選び、記号で答えなさい。

ア　来年のこと言えば□が笑う──□の目にも涙
イ　名は□を表す──悪銭□に付かず
ウ　□が吹けば桶屋がもうかる──□の前の静けさ
エ　張り子の□──□をかぶる
オ　□振り合うも他生の縁──ない□は振れぬ

⑤ □★　⑥ □★　　（順序は問わない）

●次の空欄にあてはまる言葉を入れ、完成したことわざの意味を後から選び（　）内に記号で答えなさい。

⑦朱に交われば□なる。（　）
⑧馬の耳に□。（　）
⑨触らぬ□にたたりなし。（　）
⑩三人寄れば文殊の□。（　）

ア　危なげなものには手を出すな
イ　付き合う相手によって良くも悪くもなる
ウ　意見や忠告を、全く聞き入れない
エ　複数の人間で考えればよい案が出る

第64回解答

①**歯**(歯に衣着せぬ)
→思っていることを遠慮なく言うこと。

②**弱**(弱り目にたたり目)
→困ってる時にさらに困ったことが起きる。

③**馬**(馬子にも衣装)
→外見を整えれば立派に見える。

④**雨**(雨後のたけのこ)
→短い間に次々に現れる。

⑤ア　鬼

⑥オ　袖

⑦赤く(イ)

⑧念仏(ウ)

⑨神(ア)

⑩知恵(エ)

点

まちがえたものはここに書き出す

第65回問題　　　　目標8点（各1点）

● 「出る〔　〕は打たれる」について、①〔　〕に入るのに最もふさわしいものを、次のア～クの中から一つ選び、記号で答えなさい。

ア 釘（くぎ）　イ 鼎（かなえ）　ウ 杭（くい）　エ 盆（ぼん）　オ 帯（おび）
カ 釜（かま）　キ 袖（そで）　ク 廂（ひさし）　　　①□

● 以下のことわざの□に入るのに最もふさわしいものを、①のア～クの中から一つ選び、記号で答えなさい。

② □を貸して母屋（おもや）を取られる
③ □に短し襷（たすき）に長し
④ □ふり合うも多生の縁（たしょうのえん）★
⑤ □の軽重（けいちょう）を問う★

● 次の□に共通してあてはまる漢字1字を書きなさい。

⑥ ｛ □が痛い／小□に挟む／□にたこができる ｝

⑦ ｛ □がすべる／□がかたい／□をすっぱくする ｝

⑧ ｛ □を焼く／□を貸す／□塩にかける ｝

⑨ ｛ □つ子の魂百まで／早起きは□文の徳／仏の顔も□度 ｝

⑩ ｛ 寝耳に□／魚心あれば□心／□と油 ｝

第65回解答

①**ウ**(出る杭は打たれる)
→目立つ者は人から押さえつけられる。

②**ク**(庇を貸して母屋を取られる)
→好意から一部を貸してすべてを奪われること。

③**オ**(帯に短し襷に長し)
→中途半端で役に立たないこと。

④**キ**(袖ふり合うも多生[他生]の縁)
→どんなささやかな出会いも大切にせよということ。

⑤**イ**(鼎の軽重を問う)
→それなりの能力があるか問題にすること。

⑥**耳**

⑦**口**

⑧**手**

⑨**三**

⑩**水**

点

まちがえたものはここに書き出す

第66回問題　　　目標8点（各1点）

●次の各文の□には、ものを数える時に使う語が入る。ふさわしいものを後のア～オから選び、記号で答えなさい。

①豆腐を一□買う。

②好きな短歌を一□覚える。

③わりばしを一□置く。

④ばらの花が一□咲いた。

⑤イスを一□置く。

ア 脚　イ 丁　ウ 輪　エ 首　オ 膳

●次の各組のことわざ・慣用句の□には漢字が1字ずつ入る（同じ組の中で、一つの漢字の使用は1回限り）。それぞれの後の漢字群以外の字が入るものを、各組のア～エから一つずつ選んで記号で答えなさい。

⑥ア □降って地固まる
　イ 柳に□折れなし
　ウ 待てば□路の日和あり
　エ □前の灯
　［風・雨・雪・露］　□

⑦★ア □で鯛を釣る
　イ 取り付く□もない
　ウ 井の中の蛙大□を知らず
　エ 河童の□流れ
　［海・山・川・島］　□

⑧★ア 紺屋の白□
　イ □より育ち
　ウ ない□は振れぬ
　エ □を正す
　［帯・袖・襟・袴］　□

⑨ア □をなでおろす
　イ 背に□はかえられぬ
　ウ □は友を呼ぶ
　エ のれんに□押し
　［腹・胸・腕・肝］　□

⑩ア 能ある□は爪を隠す
　イ □の頭も信心から
　ウ □百まで踊り忘れず
　エ □の一声
　［鳶・鷹・鶴・雀］　□

第66回解答

① イ

② エ

③ オ

④ ウ

⑤ ア

⑥ ウ（待てば海路の日和あり）
→辛抱強く焦ることなく待てということ。

⑦ ア（海老で鯛を釣る）
→わずかな元手で大きな利益を得ること。

⑧ イ（氏より育ち）
→家柄よりも育った環境が重要だということ。

⑨ ウ（類は友を呼ぶ）
→似た者同士は寄り合うもの。

⑩ イ（鰯の頭も信心から）
→つまらないものでも信仰心によってありがたいものになる。

点

まちがえたものはここに書き出す

第67回問題　　　目標8点（各1点）

●次の□にあてはまる漢字1字を答えなさい。

①お□を濁（にご）す。……いい加減なことを言ってその場をごまかす。

②青菜に□。……元気なくしおれたさま。★

③木に□を接（つ）ぐ。……不調和で筋道が通らない。★

④二の□を踏（ふ）む。……どうしようかとためらう。

⑤焼け□に水。……少しばかりの援助（えんじょ）や努力では効果が上がらないこと。

●次の各組の□に入る同じ漢字1字を書きなさい。

⑥困っている人がいるのに、□て□ぬふりをするのはよくない。

⑦彼（かれ）は□る人ぞ□るギターの名人だ。

⑧そんなにもめるなら、□る所へ□て決着をつけたらどうだい。

⑨いつうそが発覚するか、□が□ではなかった。★

⑩彼女（かのじょ）は□が□ならお姫（ひめ）様なんだよ。

第67回解答

① 茶

② 塩

③ 竹

④ 足

⑤ 石

⑥ 見

⑦ 知

⑧ 出

⑨ 気

⑩ 世

点

まちがえたものはここに書き出す

第7章

同音異義語、同義語・類義語、反義語・対義語

●語彙力を増やすには、一つの熟語から同義語や反意語など、次々とその連想から新しい語彙を習得することです。

一つの熟語から複数の熟語をどんどん自分のものにしていきましょう。

さらに同音異義語はワープロなどで文章を書く時、変換ミスを防ぐために重要です。漢字の豊かな世界をぜひ堪能してください。

問題 **次の各問に答えなさい。**

★はややレベルが高い。

第68回問題　　　　目標8点（各1点）

●次の各文中の空欄には、同音で異なる漢字が入る。それぞれふさわしい漢字を書きなさい。

① ｛ この問題は□単に解ける。
　　病人を手あつく□護する。

② ｛ 開会を□言する。
　　研究に□念する。

③ ｛ 復□を後押しする。
　　親□行に努める。

④ ｛ 高□な身分の女性。
　　年□の入った職人のわざ。

⑤ ｛ 彼の考えは独□的だ。
　　舞台でピアノを独□する。

⑥ ｛ 枝を□る。
　　布地を□る。★

⑦ ｛ □堂を利用する。
　　先生は□員室へと向かった。

⑧ ｛ 予定を手□に書いておく。
　　貴□品は離(はな)さずに持ち歩きましょう。

⑨ ｛ 部屋を□める。
　　スープを□める。★

⑩ ｛ □料をそろえる。
　　□産を相続する。

第68回解答　　　月　　日

① 簡／看

② 宣／専

③ 興／孝

④ 貴／季

⑤ 創／奏

⑥ 折／織

⑦ 食／職

⑧ 帳／重

⑨ 暖／温

⑩ 材／財

点

まちがえたものはここに書き出す

第69回問題 目標8点（各1点）

●次の――線部のカタカナをそれぞれ漢字に直しなさい。

① シコウ期間を経て、発売する。
　冷静なシコウをめぐらせる。

② これはわたしコジンの問題だ。
　コジンのめい福をいのる。

③ 小学生をタイショウにした本を買う。
　コンクールでタイショウをいただいた。

④ 『おくのほそ道』は有名なキコウ文だ。
　旅行に行く国のキコウを調べる。

⑤ きちんとカン理しないといけない。
　消化器カンは生物体には必ずある。★

●次の⑥～⑩の各組の□には、同じ読み方をする別の漢字が入る。それぞれの漢字を答えなさい。

⑥ 税金を□める。
　国を□める。

⑦ ぼくが司会を□めます。
　ぼくは泣くまいと□めた。★

⑧ あやまる機□を失った。
　電話機は話し声を伝える機□だ。

⑨ 教室の荷物を体育館に□す。
　黒板の内容をノートに□す。

⑩ もうすぐ□食だ。
　□急車が走って行く。

第69回解答

① 試行／思考

② 個人／故人

③ 対象／大賞

④ 紀行／気候

⑤ 管／官

⑥ 納／治

⑦ 務／努

⑧ 会／械

⑨ 移／写

⑩ 給／救

点

まちがえたものはここに書き出す

第70回問題　　　　目標8点（各1点）

●次の漢字の組み合わせは、すべて同義語になる。□に入る漢字1字をそれぞれ答えなさい。

① 郷里——□郷　② 改善——改□

③ 創意——□夫　④ 簡単——□易

●次の言葉について、⑤・⑥は類義語を、⑦・⑧は対義語を、それぞれ漢字で答えなさい。

⑤ 同意　□□　　⑥ 互角　□□★

⑦ 鈍感　□□　　⑧ 利益　□□

●次の二つの熟語が類義語になるように、それぞれ□に同じ漢字をあてはめて答えなさい。

⑨ □敗　＝　過□★

⑩ □開　＝　□表

第70回解答　　　月　日

① 故（故郷）

② 良（改良）

③ 工（工夫）

④ 容（容易）

⑤ 賛成

⑥ 対等

⑦ 敏感

⑧ 損失

⑨ 失

⑩ 公

点

まちがえたものはここに書き出す

第71回問題　　　目標8点（各1点）

●次の言葉の反対語を漢字で答えなさい。また、その反対語と関係のある言葉を、次のア〜カからそれぞれ選んで（　）内に答えなさい。

① 絶対 ←→ □□　（　）★

② 結果 ←→ □□　（　）★

③ 束縛(そくばく) ←→ □□　（　）

④ 楽観 ←→ □□　（　）

⑤ 受動 ←→ □□　（　）

　ア　自由　　イ　長所　　ウ　動機
　エ　主体　　オ　心配　　カ　比較

●次の①〜⑤の反対語を漢字で答えなさい。

⑥ 上司 ←→ □□

⑦ 偶然 ←→ □□

⑧ 派手 ←→ □□

⑨ 単純 ←→ □□

⑩ 部分 ←→ □□

第71回解答   月   日

① 相対（カ）

② 原因（ウ）

③ 解放（ア）

④ 悲観（オ）

⑤ 能動（エ）

⑥ 部下

⑦ 必然

⑧ 地味

⑨ 複雑

⑩ 全体

点

まちがえたものはここに書き出す

第72回問題　　　　目標8点（各1点）

●次の①～④の言葉は対義語の関係になっている。□の中にあてはまる漢字を答えなさい。

①正常—□常　　②本流—□流

③直接—□接　　④順境—□境

●次の⑤～⑦の対義語を、後から一つずつ選び、漢字に直して書きなさい。

⑤相対—□□★　　⑥横断—□□

⑦生産—□□　　⑧延長—□□

⑨主体—□□★　　⑩主観—□□

　キャッカン　　　ショウダン

　ショウヒ　　タンシュク

　テキタイ　　ゼッタイ

　ジュウダン　　キャクタイ

165

第72回解答　　　月　日

①異（異常）

②支（支流）

③間（間接）

④逆（逆境）

⑤絶対

⑥縦断

⑦消費

⑧短縮

⑨客体

⑩客観

点

まちがえたものはここに書き出す

第8章 熟語を完成

● この章から応用編です。

　単に漢字の読み書きができるかだけでなく、それを前提に頭を使いながら、漢字の世界を楽しみましょう。

　まずは熟語を知っているかどうか、そして、単漢字一つ一つに意味があるので、その単漢字が組み合わさってどのような新たな意味になるのか、ぜひそれを意識して問題を解いてください。

問題 **次の各問に答えなさい。**

★はややレベルが高い。

第73回問題　　目標8点（各1点）

●次の例にならい、①〜⑤の□に入る適切な漢字1字を答えなさい。

(例)
景
↓
商→□→物　　答え…品（景品・品物・品質・商品）
↓
質

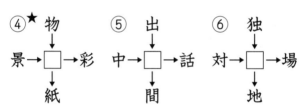

●□に1字を入れて三つの熟語を作りなさい。

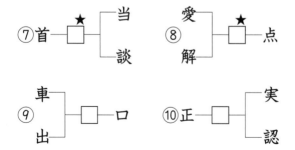

① 本
② 命
③ 勝
④ 色
⑤ 世
⑥ 立
⑦ 相
⑧ 読
⑨ 窓
⑩ 確

第73回解答　　　　　月　　日

① **本**
→見本・本質・本名・根本

② **命**
→長命・命運・命中・宿命

③ **勝**
→辛勝・勝機・勝算・大勝

④ **色**
→物色・色彩・色紙・景色

⑤ **世**
→出世・世話・世間・中世

⑥ **立**
→独立・立場・立地・対立

⑦ **相**
→首相・相当・相談

⑧ **読**
→愛読・解読・読点

⑨ **窓**
→車窓・出窓・窓口

⑩ **確**
→正確・確実・確認

点

まちがえたものはここに書き出す

第74回問題   目標8点（各1点）

●次の①～⑩について、二字熟語が四組完成するように、□に入る漢字を答えなさい。矢印の向きに注意しなさい。

(例)
```
    欠
    ↓
会→□←議    〔答え〕 席
    ↑
    末
```

①
```
    悲
    ↓
志→□←念
    ↑
    大
```

②★
```
    力
    ↓
解→□←自
    ↑
    学
```

③
```
    求
    ↓
博→□→児
    ↓
    情
```

④
```
    送
    ↓
分→□→人
    ↓
    格
```

⑤
```
    真
    ↓
論→□→想
    ↓
    性
```

⑥
```
    号
    ↓
外←□→犬
    ↓
    頭
```

⑦
```
    波
    ↓
戦→□←混
    ↑
    動
```

⑧
```
    備
    ↓
置←□→営
    ↓
    定
```

⑨★
```
    英
    ↓
周→□←察
    ↑
    機
```

⑩
```
    理
    ↑
役←□→金
    ↓
    行
```

第74回解答

① **願**
→悲願・念願・大願・志願

② **説**
→力説・自説・学説・解説

③ **愛**
→求愛・愛児・愛情・博愛

④ **別**
→送別・別人・別格・分別

⑤ **理**
→真理・理想・理性・論理

⑥ **番**
→番号・番犬・番頭・番外

⑦ **乱**
→波乱・混乱・動乱・戦乱

⑧ **設**
→設備・設営・設定・設置

⑨ **知**
→英知・察知・機知・周知

⑩ **代**
→代理・代金・代行・代役

点

まちがえたものはここに書き出す

第75回問題　　目標8点（各2点）

●次の□のまわりの八つの漢字と二字の熟語ができるよう中央に漢字を入れ、その漢字を組み合わせて四字の熟語を作りなさい。

(例)

解答　完全無欠

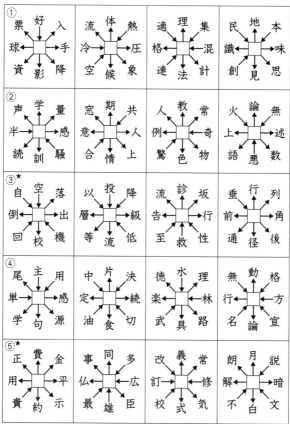

第75回解答

① **意気投合** （左から順に 投、気、合、意）

→お互いの気持ちがぴったりあうこと。

② **異口同音** （左から順に 音、同、異、口）

→みんなが口をそろえて同じことを言うこと。

③ **急転直下** （左から順に 転、下、急、直）

→難しい事柄が急に扱いやすいものになること。

④ **言語道断** （左から順に 語、断、道、言）

→あきれ果てて言葉も出ないほどひどいこと。

⑤ **公明正大** （左から順に 公、大、正、明）

→隠し事もなく堂々としていること。

第76回問題 目標8点（各1点）

●次の①〜⑤について、後の問いに答えなさい。

① 人 □ 面 ★

② 自 □ 心

③ 名 □ 策

④ 生 □ 配

⑤ 正 □ 下

問 ①〜⑤の□には、二つの音読みを持つ一つの漢字が入ります。例にならって、それぞれにふさわしい漢字を答えなさい。

(例) 過 □ 年 → 過 去 年

か こ・き ょ ね ん

●次の□の中に、右または左の字と反対の意味の漢字を1字入れ、熟語をつくりなさい。

⑥ □ 私   ⑦ 苦 □   ⑧ □ 同

●次の⑨・⑩の漢字と、後のア〜エの漢字を組み合わせて熟語を作る場合、熟語を作れない漢字が一つある。その漢字の記号を答えなさい（漢字は上につけても下につけてもよい。）。

⑨ 納 ★
ア 収　イ 骨　ウ 税　エ 信

⑩ 排
ア 着　イ 除　ウ 水　エ 他

第76回解答　　　　月　　日

① 工 (じんこう、くめん)

② 重 (じちょう、じゅうしん)

③ 画 (めいが、かくさく)

④ 気 (せいき、けはい)

⑤ 直 (しょうじき、ちょっか)

⑥ 公 (公私)

⑦ 楽 (苦楽)

⑧ 異 (異同)

⑨ エ　信
→収納、納骨、納税

⑩ ア　着
→排除、排水、排他

点

まちがえたものはここに書き出す

第77回問題　　　目標8点（各1点）

●次の①〜⑤の意味にあてはまる熟語を、後の漢字を組み合わせて答えなさい。

①無事かどうかということ。

②いつわりがなく、まじめなようす。

③すみずみまで注意が行き届いていること。

④物事の判断が適切であること。

⑤新しいことを作り出すこと。

| 安 | 明 | 実 | 綿 | 造 |
| 否 | 賢 | 誠 | 創 | 密 |

●例にならって、次の空欄に入る同じ漢字を1字で答えなさい。

（例）　力学→学力→力士

⑥□行→行□→□展★

⑦化□→□灰岩→岩□

⑧聖□→□類→類□猿(えん)

⑨場□→□国→国□★

⑩遠□→□下→下□箱

第77回解答

① 安否

② 誠実

③ 綿密

④ 賢明

⑤ 創造

⑥ 進
→（進行→行進→進展）

⑦ 石
→（化石→石灰岩→岩石）

⑧ 人
→（聖人→人類→類人猿）

⑨ 外
→（場外→外国→国外）

⑩ 足
→（遠足→足下→下足箱）

点

まちがえたものはここに書き出す

第9章 語彙力を磨く漢字

●この章では、意味に徹底的にこだわってください。

さらにはその熟語の使い方にも注意が必要です。

新しい言葉が増えるたびに、あなたの世界が広がり、新しいものの見方が加わります。

単なる知識の問題としてではなく、言葉の使い方を習得するために、じっくりと問題に取り組んでください。

問題 **次の各問に答えなさい。**

★はややレベルが高い。

第78回問題　　目標8点（各1点）

●次の①〜⑤の空らん□にあてはまる漢字1字を、後にあげるア〜タから選び、記号で答えなさい。

① ｛ 新しい部署に□属された
　　　運動部に□属している

② ｛ □覚えのいい人
　　　□覚えのある顔

③ ｛ 新商品が発□された
　　　新しい体制が発□した

④ ｛ けが人を救□する
　　　失業者を救□する

⑤ ｛ これまでの規則を□定した★
　　　証拠から犯人を□定できた

ア 心　　イ 改　　ウ 買　　エ 特　　オ 所
カ 配　　キ 済　　ク 物　　ケ 付　　コ 見
サ 売　　シ 現　　ス 測　　セ 足　　ソ 出

●次の⑥〜⑩の□にあてはまる漢字1字を答えなさい。

⑥ 銀行にお金を□ける。

⑦ 彼は面倒な仕事も□く引き受けてくれた。

⑧ 念仏を□える。

⑨ キャッチャーが□えたところに投げこめ。★

⑩ そんなことで弱□を吐くな。

181

第78回解答　　　　　月　　日

① **カ**（配属）／**オ**（所属）

② **ク**（物覚え）／**コ**（見覚え）

③ **サ**（発売）／**セ**（発足）

④ **ソ**（救出）／**キ**（救済）

⑤ **イ**（改定）／**エ**（特定）

⑥ **預**（預ける）

⑦ **快**（快く）

⑧ **唱**（唱える）

⑨ **構**（構えた）

⑩ **音**（弱音）

点

まちがえたものはここに書き出す

第79回問題 目標8点（各1点）

●次の①～⑤の□にあてはまる言葉を後の語群から選び、漢字で答えなさい。

① 彼(かれ)の実□なら十分だ。

② □型的な冬型の気圧配置。

③ 久しぶりに故郷へ帰□する。

④ □乗値上げは許せない。★

⑤ 平□な表現を心がける。★

イ　セイ　セキ　テン　ビン

●次の□□にあてはまる言葉として最も適切なものをそれぞれ後から選び、漢字に直して書きなさい。

⑥ 雨が降っても遠足は□□します。

⑦ 雨が降ったら遠足は□□します。

⑧ 準決勝では息のつまるような□□がくり広げられた。

⑨ 決勝戦は□□した試合が展開した。

⑩ 目標を□□するためには努力が必要だ。

セッセン　チョウセン　ジュンエン
エンチョウ　ケッコウ　タッセイ
ハクネツ

第79回解答

① 績（実績）

② 典（典型的）

③ 省（帰省）

④ 便（便乗）

⑤ 易（平易）

⑥ 決行

⑦ 順延

⑧ 接戦

⑨ 白熱

⑩ 達成

点

まちがえたものはここに書き出す

第80回問題　　目標8点（各1点）

●次の①～⑤の□に当てはまる漢字1字を答えなさい。

①友人が私を正しい方向へと□いてくれた。

②□げ句の果て。★

③ケンカが起こり、□き添えを食う。

④絹は□の繭（まゆ）からとる。★

⑤本の□し出しは、三冊までです。

●次の文の――線部の言葉と同じような意味を持つ熟語を、後の語群の漢字を使って、漢字2字でそれぞれ答えなさい。

⑥なすすべを知らない。

⑦早起きすると時間にゆとりが持てる。

⑧とうとう泣き言を述べるありさまだ。★

[前　段　末　裕　様　補　方　手　余　始]

●次の⑨～⑩の意味にあてはまる二字熟語を、後の語群の漢字を使って答えなさい。

⑨うれしい知らせ。

⑩手に負えなくて困ること。

[喜　朗　報　告　口　閉]

第80回解答   月　日

① 導（導いて）

② 挙（挙げ句）

③ 巻（巻き添え）

④ 蚕（蚕の繭）

⑤ 貸（貸し出し）

⑥ 手段

⑦ 余裕

⑧ 始末

⑨ 朗報

⑩ 閉口

点

まちがえたものはここに書き出す

第81回問題　　　目標8点（各1点）

●次の①〜⑨の各文から、まちがって使われている漢字1字をぬき出し、正しい漢字に直して答えなさい。

① この数年の気候は異状である。誤□→□

② 絶好の機械だったが失敗した。誤□→□

③ あのふたりは対象的な性格だ。誤□→□

④ その事件に深い感心を持った。誤□→□

⑤ 結果よりも課程が大切である。誤□→□

⑥ 世界の各国が技術を競って、宇宙に人口衛星を打ち上げている。誤□→□

⑦ 湯気は目で確認することが可能なので、水の仲間であり液態だ。誤□→□

⑧ クーラーを使用すると快的だが、地球の未来のために節電しよう。誤□→□

⑨ ケーキを切るときは、均当に分配されるよう細心の注意が必要だ。誤□→□★

⑩ ──線部の漢字が誤っているものが一つある。それをぬき出し、正しく直した漢字も答えなさい。★

　ア　紫外線で肌が<u>痛</u>む。
　イ　虫の<u>鳴</u>き声が心地よい。
　ウ　<ruby>画竜点睛<rt>がりょうてんせい</rt></ruby>を<u>欠</u>く。　　誤□→□

187

第81回解答

① 状→常（異常）

② 械→会（機会）

③ 象→照（対照）

④ 感→関（関心）

⑤ 課→過（過程）

⑥ 口→工（人工衛星）

⑦ 態→体（液体）

⑧ 的→適（快適）

⑨ 当→等（均等）

⑩ 痛→傷（痛む）

点

まちがえたものはここに書き出す

第82回問題 目標8点(各1点)

●次の①~⑩の各文には、漢字の誤りが一つずつある。誤った漢字を抜き出し、その後に正しい漢字を書きなさい。

① 気省庁の台風情報を見る。
　誤□→□

② 現首相の指持率を調査する。
　誤□→□

③ 国際機関への基付金。
　誤□→□

④ 問題解決に勤める。 誤□→□

⑤ 晴れ姿を鏡に写した。 誤□→□★

⑥ バスの乗り越し運賃を清算する。
　誤□→□★

⑦ 議会の決論が出された。
　誤□→□

⑧ あさがおの感察をする。
　誤□→□

⑨ 試験の成積がよかった。
　誤□→□

⑩ 日米主脳会談が行われた。
　誤□→□

第82回解答

① 省→象 (気象庁)

② 指→支 (支持率)

③ 基→寄 (寄付金)

④ 勤→努 (努める)

⑤ 写→映 (映す)

⑥ 清→精 (精算)

⑦ 決→結 (結論)

⑧ 感→観 (観察)

⑨ 積→績 (成績)

⑩ 主→首 (首脳)

点

まちがえたものはここに書き出す

第10章 頭がよくなる漢字

●私たちは生涯にわたって言葉でものを考えます。その日本語には単独で意味を持つ自立語と、単独では意味を持たない付属語とがあります。

付属語は助動詞、助詞です。そして、自立語の大半は漢字だと言えます。

つまり、私たちは漢字でものを考えていると言っても、過言ではありません。そこで、漢字を使って、頭を使う訓練をしていきましょう。

問題 次の各問に答えなさい。

★はややレベルが高い。

第83回問題　　　目標8点（各1点）

●次の①～⑥の語句に共通して使われている漢字の中で、他のものと意味が異なるものを一つ選び、記号で答えなさい。

① ア 横着　イ 横断　ウ 横領　エ 横暴

② ア 風車　イ 台風　ウ 風速　エ 和風

③ ア 絶筆　イ 筆箱　ウ 毛筆　エ 絵筆

④ ア 道路　イ 車道　ウ 坂道　エ 道徳

⑤ ア 本当　イ 本人　ウ 本屋　エ 本筋

⑥ ア 海洋　イ 洋上　ウ 大洋　エ 洋服

●次の [ ] 内の漢字を組み合わせて、〈例〉のように上から読んでも下から読んでも同じ読みになる熟語を四つ作り、漢字で答えなさい。（順序は問わない）

〈例〉　衣類（いるい）

[花・新・紙・化・八・聞・屋・感・百・開]

⑦ ⬜　　⑧ ⬜

⑨ ⬜ ★　　⑩ ⬜ ★

第83回解答

①イ 横断

②エ 和風

③ア 絶筆

④エ 道徳

⑤ウ 本屋

⑥エ 洋服

⑦八百屋（やおや）

⑧新聞紙（しんぶんし）

⑨開花（かいか）

⑩感化（かんか）

点

まちがえたものはここに書き出す

第84回問題　　　　目標6点（各2点）

●次の①〜⑤は漢字辞典である字の意味を調べたもの。その字を答えなさい。

① （総画数　9）★
　(1)　ものを区切って分けたもの
　(2)　生物の分けかたの区切り
　(3)　すじみちをたてて調べること
　(4)　つみ

② （総画数　4）
　(1)　かたよらない、正しい
　(2)　世の中、社会
　(3)　国や役所につながりがあること
　(4)　おもてむき
　(5)　どれにもあてはまること
　(6)　そんけいの意味を表すことば
　(7)　親しい呼び方

③ （総画数　4）
　(1)　むかしの時刻のあらわし方でまひる
　(2)　むかしの方位のあらわし方でまみなみ
　(3)　むかしのこよみの五月
　(4)　十二支の七つ目

④ （総画数　12）★
　(1)　おおぜいでなにかをするときや、たくさんあるもののじゅんじょ
　(2)　みはりをすること
　(3)　試合や勝負をかぞえるときにつかう
　(4)　ふだんつかうもの、そまつな

⑤ （総画数　4）
　(1)　あや、もよう、かざり
　(2)　じ、もじ、書体
　(3)　書いたことば
　(4)　てがみ
　(5)　本、記録
　(6)　学問
　(7)　むかしのお金の単位

第84回解答

①科
→（用例）科目、バラ科、科学、前科

②公
→（用例）公正、公共、公式、公

③午
→（用例）午、午の刻、丙午

④番
→（用例）順番、番数、番屋、交番

⑤文
→（用例）文字、文章、文学、文楽、文

点

まちがえたものはここに書き出す

第85回問題　目標8点（各1点、⑦⑧は各2点）

●例にならって、次の①〜⑥の文の——線部の言葉をそれぞれ漢字に直しなさい。ただし、それぞれの文の□には、[ ] 内の字を部首に持つ漢字が入る。

（例）　雨が降った後は□メンがすべりやすくなっている。

[足] →路　〈答〉路面

① 友達の忠告で、今までの言動をハン□した。[目]

② 海外へ出て、ケン□を広めることにした。[耳]

③ 悪天候によって、野菜の値段が高値で□イしている。[手]★

④ 午後から出かけたので、ショウ□2時間しか遊べなかった。[口]

⑤ □ゴに何かの気配を感じて振り向いたが、そこには誰(だれ)もいなかった。[肉]

⑥ みんなからドウ□が集まった。[忄]

●例えば「因果」は原因と結果という熟語の1字ずつを組み合わせた熟語。二つの漢字がこれと同じ関係になる熟語を、次の語群の漢字を用いて2組作りなさい。

客　解　得　必　失　世　清　界　主　答

⑦ □□★　　⑧ □□★　（順序は問わない）

第85回解答

① 反省

② 見聞

③ 推移

④ 正味

⑤ 背後

⑥ 同情

⑦ 得失

⑧ 主客

点

まちがえたものはここに書き出す

第86回問題   目標7点（各1点）

●次の①〜④の□にそれぞれ共通の漢字を入れて、熟語を完成させなさい。

① 人□・卵□・□式

② 配□・□彩（さい）・顔□

③ □夢・□面・公□

④ □通・□筆・素□★

●次の□に入る適切な語を後の中から選んで漢字にし、対義語・類義語を作りなさい。

《対義語》

⑤ 破壊―建□

⑥ 慎重―軽□★

⑦ 開放―□鎖

《類義語》

⑧ 不意―突□

⑨ 手柄―功□

⑩ 追憶―回□

けん・せき・せつ・ぜん・そう・そつ
たつ・とう・のう・へい・れい・む

第86回解答

① 形(人形・卵形・形式)

② 色(配色・色彩・顔色)

③ 正(正夢・正面・公正)

④ 直(直通・直筆・素直)

⑤ 建設

⑥ 軽率

⑦ 閉鎖

⑧ 突然

⑨ 功績

⑩ 回想

第87回問題　目標7点（各1点、⑨のみ2点）

●次の各組の□Aと□Bには同じ漢字が入る。その漢字を答えなさい。

(例) 英語は「□A国□B」。
　　　コップは「□A来□B」。
　　　　　　(答え) □A…外　□B…語

① ｛ 和食の「□A理□B」になる。
　　 ライオンの「□A教□B」になる。

② ｛ 「□A用□B」な発言。★
　　 「□A本□B」な成績。

③ ｛ ヒロインの「□A手□B」。
　　 会社の「□A談□B」。

④ ｛ 立派な「□A格□B」。
　　 クラスの「□A気□B」。

●次にあげた四つの漢字のうち三つを使ってできる三字熟語を、それぞれ答えなさい。

⑤ 夢・空・昼・白　⑥ 金・石・球・試
⑦ 鉄・法・生・兵　⑧ 飯・茶・番・事

●次の文の、カタカナを漢字に直しなさい。★

⑨ シるモノはイわず、イうモノはシらず。

第87回解答

① A 調 B 師 (調理師・調教師)

② A 不 B 意 (不用意・不本意)

③ A 相 B 役 (相手役・相談役)

④ A 人 B 者 (人格者・人気者)

⑤ 白昼夢
→ (はくちゅうむ) 夢のような現実的でない思い。

⑥ 試金石
→ (しきんせき) 人や物の価値を試す材料となるもの。

⑦ 生兵法
→ (なまびょうほう) 身についていない知識や学問。

⑧ 茶飯事
→ (さはんじ) ありふれたこと。

⑨ 知る者は言わず、言う者は知らず。

点

まちがえたものはここに書き出す

第11章 難関中学で出る漢字

●最後の2章は腕試しです。

日本の最難関中学の漢字問題をアトランダムに選んでみました。

もちろん、各10点満点で採点してください。

できたら満点を狙うこと。

間違った漢字は何度も復習することが大切です。

問題 次の各問に答えなさい。

★はややレベルが高い。

第88回問題　　目標8点（各1点）

●カタカナを漢字に直しなさい。

郷里の祖父母を①［タズ］ねた。

近くのＫ温泉は山並みが美しく、②［ケイショウ］の地として有名だ。★

温泉③［ガイ］に出向き、父と二人で湯を④［ア］びると、長い⑤［タビジ］の疲れもすっかり癒えた。

（開成）

⑥鬼のような［ギョウソウ］。

⑦二刀流の［ガンソ］は宮本武蔵。

⑧［セキネン］の研究によって開発された。

⑨彼は［ヨウリョウ］のいい人と言われる。

⑩その［ツド］お知らせします。★

（桜蔭／改題）

第88回解答

① 訪（ねた）

② 景勝

③ （温泉）街

④ 浴（びる）

⑤ 旅路

⑥ 形相

⑦ 元祖

⑧ 積年

⑨ 要領

⑩ 都度

第89回問題

目標8点(各1点)

●次の□に正しい漢字を書き入れなさい。

① いきな<ruby>墓<rt>はか</rt></ruby>らい。

② 意見を<ruby>異<rt>こと</rt></ruby>にする。

③ 収入の<ruby>内訳<rt>うちわけ</rt></ruby>を記す。★

④ <ruby>古株<rt>ふるかぶ</rt></ruby>のメンバー。★

⑤ 他人の<ruby>空似<rt>そらに</rt></ruby>。★

⑥ <ruby>俳優<rt>はいゆう</rt></ruby>の演技力。

⑦ <ruby>純真<rt>じゅんしん</rt></ruby>な子ども。

⑧ 改札口の<ruby>発券<rt>はっけん</rt></ruby>機。

⑨ 時代の<ruby>潮流<rt>ちょうりゅう</rt></ruby>に乗る。

⑩ 首相が<ruby>組閣<rt>そかく</rt></ruby>する。

(慶應義塾)

第89回解答　　　　月　　日

① 計 (らい)

② 異

③ 内訳

④ 古株

⑤ 空似

⑥ 俳優

⑦ 純真

⑧ 発券

⑨ 潮流

⑩ 組閣

点

まちがえたものはここに書き出す

第90回問題　　　　目標8点（各1点）

●次の□に正しい漢字を書き入れなさい。

① <ruby>模<rt>モ</rt></ruby><ruby>造<rt>ゾウ</rt></ruby>品が出回る。

② 劇を<ruby>観覧<rt>カンラン</rt></ruby>する。

③ <ruby>風評<rt>フウヒョウ</rt></ruby>被害に悩まされる。

④ この寺院の<ruby>沿革<rt>エンカク</rt></ruby>ははっきりと分かっていない。

⑤ 卒業式で<ruby>謝辞<rt>シャジ</rt></ruby>を述べる。

⑥ <ruby>末席<rt>マッセキ</rt></ruby>を汚す。★

⑦ <ruby>細工<rt>サイク</rt></ruby>は流々。★

⑧ <ruby>寸鉄<rt>スンテツ</rt></ruby>人を刺す。

⑨ <ruby>竹馬<rt>チクバ</rt></ruby>の友。

⑩ <ruby>危急<rt>キキュウ</rt></ruby>存亡の秋。★

（ラ・サール）

第90回解答

① 模造

② 観覧

③ 風評

④ 沿革

⑤ 謝辞

⑥ 末席

⑦ 細工

⑧ 寸鉄

⑨ 竹馬

⑩ 危急

点

まちがえたものはここに書き出す

第91回問題   目標8点（各1点）

●次の□に正しい漢字を書き入れなさい。

① お寺にある□□（ボチ）。

② 古い□□（チソウ）を調べる。

③ □□（コクモツ）を輸入する。★

④ □□（シュクシャク）千分の一の地図。

⑤ 新しい□□（ナイカク）が成立する。

⑥ 選挙の□□（トウヒョウ）に行く。

⑦ □□□（ショウボウショ）に通報する。

⑧ 痛みが□（オサ）まる。

⑨ 薬が□（キ）く。★

⑩ 心に□（キザ）む。

（栄光）

211

第91回解答

① 墓地

② 地層

③ 穀物

④ 縮尺

⑤ 内閣

⑥ 投票

⑦ 消防署

⑧ 治

⑨ 効

⑩ 刻

第92回問題　　　目標8点（各1点）

●次の□に正しい漢字を書き入れなさい。

①川に□(ソ)って桜の木を植える。

②新しい委員会を□(モウ)ける。

③時間を□□(ゲンシュ)することが大切だ。

④動詞から□□(ハセイ)してできた名詞。★

⑤障害物を取り□(ノゾ)く。

⑥□□(テイチョウ)にお礼を述べる。★

⑦罪を□□(コクハク)する。

⑧□□(ゴクカン)の地で仕事をする。

⑨台風に□(ソナ)えて早めに下校する。

⑩つらい労働を□□(クエキ)という。

（巣鴨）

第92回解答

① 沿(って)

② 設(ける)

③ 厳守

④ 派生

⑤ 除(く)

⑥ 丁重

⑦ 告白

⑧ 極寒

⑨ 備(えて)

⑩ 苦役

まちがえたものはここに書き出す

第93回問題　　　目標8点（各1点）

●次の①～⑩の文中にある＿＿線のカタカナを漢字に直しなさい。

① 会社の□□（カンレイ）に従って行動する。★

② お盆の時期に郷里に□□（キセイ）する。

③ 彼の努力により□□（ギョウセキ）が上がった。

④ 経済問題について□□（コウサツ）を述べる。

⑤ 運転免許を□□（シュトク）できた。

⑥ 誕生日会に友達を□□（ショウタイ）する。

⑦ 歴史の□□（センモン）家のお話を聞く。

⑧ 最後の試合で□□（ユウシュウ）の美を飾る。★

⑨ 彼女には□□（トクイ）な才能がある。

⑩ 身長と体重を□□（ケイソク）する。

（早稲田実業／一部改題）

215

第93回解答

① 慣例

② 帰省

③ 業績

④ 考察

⑤ 取得

⑥ 招待

⑦ 専門

⑧ 有終

⑨ 特異

⑩ 計測

第12章 あの灘中の漢字に挑戦

●最後は灘中学校の入試問題です。

実はもっとも難しい漢字問題を例年出題するのが灘中なのです。

しかも、単に漢字を知っているかどうかだけではなく、かなり頭を使わないと解けない問題が出題されます。

ちょっとした頭の体操だと思って、大いに楽しんでください。

逆に、高得点を獲得したら、かなり高度な漢字力の持ち主だと言えるでしょう。

あなたの身近な人にもどれだけ解けるか挑戦してもらいましょう。

問題　次の各問に答えなさい。

★はややレベルが高い。

第94回問題　　目標6点（各2点）

●A群の（　）にあてはまる漢字と、B群の（　）にあてはまる漢字を組み合わせて、熟語を四つ作りなさい。ただし、同じ漢字は1回しか使えないものとします。

A群　生き（　）の目をぬく

　　　いわしの（　）も信心から

（例）したり（顔）で話す

　　　（　）の恥はかき捨て

　　　（　）り目にたたり目

B群　言うはやすく（　）うはかたし

　　　弘法（ふで）を選ばず

　　　破（　）の勢い

　　　腹の（　）がおさまらない

（例）下手の（横）好き

〔（例）の答え〕「顔」＋「横」→「横顔」

① □□　②□□　③□□

④□□　　（順序は問わない）

⑤次のア～オの言葉を季節の順に並べかえて、記号で答えなさい。ただし、ア（春一番）が最初にくることとします。

ア　春一番　イ　麦秋（ばくしゅう）　ウ　野分き
エ　小春日和（こはるびより）　オ　菜種梅雨（なたねづゆ）

⑤ ア → □ → □ → □ → □ ★

第94回解答

① 竹馬

② 筆頭

③ 旅行

④ 弱虫

⑤ ア（春一番）→オ→イ→ウ→エ

第95回問題　　　目標6点（各1点）

●次の〔条件〕に従って、後の (1)・(2) の漢字のしりとりを完成させなさい。

〔条件1〕 A・B・Cには、「各・閣・格」のように、同じ音読みで共通した部分を持つ字が入ります。

〔条件2〕 ①・②に入る字は、〔①・②の選択肢〕から選びなさい。

(例)　A 社―社内―内 B ― B ①
　― ① 会―会 ② ― ② C ― C 別

〔①・②の選択肢〕　員・議・合・集・談・面

答え　A 各　B 閣　C 格　①議　②合

(1)　重 A ― A ① ― ① 意―意地―地面―面 B ― B ② ― ② 功―功 C ★

〔①・②の選択肢〕　故・好・成・大・任・年

(2)　② A 急―急 ① ― ① B ― B 心―心外―外 ② ― ② C ― C 技★

〔①・②の選択肢〕　気・見・行・追・野・用

(1)　A □　B □　C □
　　①□　②□
(2)　A □　B □　C □
　　①□　②□

221

第95回解答

(1) A責 B積 C績
　①任 ②年

(2) A救 B求 C球
　①追 ②野

第96回問題　　　　　目標6点（各1点）

●次の〔条件〕にしたがって、後の（1）（2）の漢字のしりとりを完成させなさい。

〔条件1〕　A・Bの読みは同じ
〔条件2〕　Aは訓読み、Bは音読み
〔条件3〕　①〜③は音読み

（例）　長 A ― A 水―水路―路 ① ―
① ② ― ② 地―地 ③ ― ③ 空―空
B ― B 出

〔答え〕　A湯　B輸　①頭　②領　③上

（1）　親 A ― A 分―分 ① ― ①
② ― ② 女―女 ③ ― ③ 美―美
B ― B 覚★

（2）　青 A ― A 畑―畑 ① ― ①
② ― ② 算―算 ③ ― ③ 自―自
B ― B 者★

（1）　A☐　B☐

　①☐　②☐　③☐

（2）　A☐　B☐

　①☐　②☐　③☐

223

第96回解答

(1) A身　B味
　①母　②子　③優

(2) A田　B他
　①作　②成　③出

第97回問題　目標6点（各1点）

●次の〔条件〕にしたがって、漢字のしりとりを完成させなさい。

〔条件1〕　[A][B]と[C][D]は対義語です。
〔条件2〕　[A][B]の読み方は次の（語群）から選びなさい。
（語群）　カクシン・カクダイ・カシツ・ゲンイン・セイサン
〔条件3〕　すべての字は音読みで読むものとします。読み方は変わってもかまいません。
〔条件4〕　同じ漢字は二度使ってはいけません。

（例）　変[A]―[A][B]―[B][①]―[①]正―正[②]―[②][C]―[C][D]―[D]衛

（答）　A革　B新　①規　②確　C保　D守
＊「革新」と「保守」が対義語。

(1)　発[A]―[A][B]―[B][①]―[①]理―理[②]―[②][C]―[C][D]―[D]用★

(2)　通[A]―[A][B]―[B][①]―[①]検―検[②]―[②][C]―[C][D]―[D]見★

(1)　A[　]　B[　]　C[　]　D[　]
　　①[　]　②[　]

(2)　A[　]　B[　]　C[　]　D[　]
　　①[　]　②[　]

第97回解答

(1) A生　B産　C消　D費
　①地　②解

(2) A過　B失　C故　D意
　①点　②事

第98回問題　　　目標7点（各1点）

●次の説明にあたる三字熟語をそれぞれ答えなさい。ただし、必ず漢数字を1字ふくんでいます。

（例）よそ見せず、けんめいに走る様子——一目散

① 年が若く経験のとぼしい人。□□□

② 話が達者であること。□□□

③ 演劇や相撲(すもう)などの興行の最終日。□□□

④ 前と食いちがうことやうそを平気で言うこと。□□□

●次の⑤〜⑩の□にあてはまる漢字と、選択肢の漢字を組み合わせると、二字の熟語ができます。その熟語を答えなさい。

⑤ 鹿(しか)を追う者は□を見ず　　□□

⑥ □の恥(はじ)はかき捨て　　□□

⑦ 下手の□好き　　□□

⑧ □り目にたたり目　　□□

⑨ 木に□を接ぐ　　□□

⑩ いわしの□も信心から　　□□

[選択肢]　行　筆　虫　馬　門　顔

227

第98回解答

① 青二才

② 口八丁

③ 千秋楽

④ 二枚舌

⑤ 山門

⑥ 旅行

⑦ 横顔

⑧ 弱虫

⑨ 竹馬

⑩ 筆頭

第99回問題 目標7点 （①②は各2、③④は各3点）

●次の①～④の各組のa・b・cには、同じ読み方の二字熟語が入る。それぞれ最も適当なものを答えなさい。読み方は後の〔語群〕から選びなさい。

① a 裁判官は、常に□□でなければならない。

b 彼(かれ)は大きな仕事をして□□に名を残した。

c 全体の□□を考えて文章を書くことが大切だ。

② a 温暖な□□の土地。

b 今回の旅行についての□□文を書く。

c 新庁舎の□□式が行われる。

③ a 新しい機械を導入し、□□性の向上をはかる。

b 降りる時に運賃を□□する。

c 今度の試合に勝つ□□はありますか。★

④ a ふるさとに□□する。

b 試合を前に、選手たちの□□があがっている。

c 大変な人出で、交通□□がかけられている。★

〔語群〕 キコウ、キショウ、キセイ、コウセイ、セイサン

第99回解答

① a 公正
  b 後世
  c 構成

② a 気候
  b 紀行
  c 起工

③ a 生産
  b 精算
  c 成算

④ a 帰省
  b 気勢
  c 規制

点

まちがえたものはここに書き出す

第100回問題　　目標7点（各1点）

●次の①～⑤の各組のA・Bに入る二つの漢字を、上と下、左と右、内と外などに組み合わせると、別の漢字1字ができます。その漢字を答えなさい。

（例）　A　　(口)
　　　　　　Aハ丁手ハ丁

　　　　　　(玉)
　　　B　　Bのような男の子が生まれる

　　答え……「国」

① A物買いの銭(ぜに)失い
　　Bで鼻をくくったような返事　★□

② A果応報
　　魚心あれば水B　　□

③ Aの目を見る
　　B前の小僧(こぞう)習わぬ経(きょう)を読む　□

④ Aの息
　　Bは人の上に人を造らず　★□

⑤ 一A先は闇(やみ)
　　一B上の都合により退職する　□

●次の⑥～⑩の□に漢字を一字入れて、二とおりの読み方ができる熟語を作りなさい。

⑥市□　　⑦□紙　　⑧風□

⑨□手　　⑩年□

第100回解答

月　　日

①案

②恩

③間

④蚕

⑤射

⑥場

⑦色

⑧車

⑨上（下）

⑩月

点

まちがえたものはここに書き出す

得点集計表

(各回 10 点満点の得点を記入)

第1章	①	②	③	④	⑤	⑥	⑦
⑧	⑨	⑩	⑪	⑫	⑬	⑭	⑮
第2章	⑯	⑰	⑱	⑲	⑳	㉑	㉒
㉓	㉔	㉕	㉖	㉗	㉘	㉙	㉚
第3章	㉛	㉜	㉝	㉞	㉟	㊱	㊲
㊳	㊴	㊵	㊶	㊷	㊸	㊹	第4章
㊺	㊻	㊼	㊽	㊾	㊿	㉑	㉒
㊼	㊽	㊾	㊿	㊻	第5章	㊽	㊾
⑩	⑪	⑫	第6章	⑬	⑭	⑮	⑯
⑰	第7章	⑱	⑲	⑳	㉑	㉒	第8章
㉓	㉔	㉕	㉖	㉗	第9章	㉘	㉙
⑧	⑨	⑩	第10章	⑪	⑫	⑬	⑭
⑮	第11章	⑯	⑰	⑱	⑲	⑳	㉑
第12章	㉒	㉓	㉔				
㉕	㉖	㉗	㉘				

合計

　　　　点

(1000 点満点)

おわりに

いかがですか?

なかなか手強かったでしょう。手も足も出ないという問題があったかもしれません。

漢字はそれ自体で意味を持っています。他の漢字とくっついて熟語を作り、文章を論理的に明快にする。さらには文章に心情を込めるものです。

では、得点を集計してみましょう。

233ページの集計表に、各回の得点を記入します。各回10点満点で全100回、合計1000点満点です。

■**900点以上得点した人**＝漢字の読み書き、熟語の使い方など、困ることはないでしょう。本をよく読む人です。ＰＣやスマホのメールではなく、今度は手書きで手紙を書いてみませんか。

■**700点以上得点した人**＝文章を読むとき、なぜこんな漢字を使うのだろう、と考えてみましょう。きっと書き手の思いが伝わってきます。「哀しい」と「悲しい」、「流離」と「さすらい」、「立つ」と「起つ」。伝わってくる思いは違いますね。

■**700点に満たなかった人**＝文章を読む機会が少ないのでしょう。わからない漢字や言葉に出会っても、そのまま素通りしているのでは。そうしたときは、必ず辞書で調べましょう。辞書には、見出し語の用例が付記されています。1語を調べると、必ず＋アルファの知識が身に付きます。

【著者紹介】

出口 汪（でぐち・ひろし）

1955年東京都杉並区に生まれる。関西学院大学大学院文学研究科博士課程修了。広島女学院大学客員教授、論理文章能力検定評議員、東進衛星予備校講師、出版社「水王舎」代表取締役。現代文講師として、受験生の成績を飛躍的に伸ばし続け、受験参考書がベストセラーになるなど圧倒的な支持を得ている。また、「論理力」を養成するために開発した「論理エンジン」は、全国250校以上の学校で採用されている。著書に『出口の好きなる現代文』『出口のシステム現代文』『出口先生の頭がよくなる漢字』の各シリーズ、『出口汪の「最強！」の記憶術』『子どもの頭がグンと良くなる！国語の力』『芥川・太宰に学ぶ 心をつかむ文章講座』（以上、水王舎）など。

大人のための
本当に役立つ小学生漢字

2015年11月15日　第一刷発行

著者	出口 汪
発行人	出口 汪
発行所	株式会社水王舎
	〒160-0023
	東京都新宿区西新宿6-15-1
	ラ・トゥール新宿511
	電話 03-5909-8920
カバーデザイン	福田和雄（FUKUDA DESIGN）
印刷・製本	中央精版印刷株式会社

落丁、乱丁本はお取り替えいたします。

©Hiroshi Deguchi, 2015 Printed in japan
ISBN978-4-86470-031-3 C0081

既刊好評発売中!

出口 汪の
「最強!」の記憶術

出口 汪・著
定価(本体1200円+税)

「頭が悪い」なんてもう言わせない!
脳科学による世界一無理のない勉強法を一挙公開!

簡単に読めて「理に適った記憶術」がマスターできる1冊!本書を実践することで、ビジネスや勉強の現場で何よりも頼りになる「武器」を手に入れることができます!
論理と脳科学を活用した記憶の仕方を誰にでもわかるように解説しています。
読むだけでグングン頭が良くなる「勉強法」の決定版!

既刊好評発売中!

子どもの頭がグンと良くなる!
国語の力

出口 汪・著

定価(本体1300円+税)

伸びない子どもはいない!

親の考え方ひとつで、頭がいい子は育つ。

子どもたちの将来は「国語力」によって決まります。子どもが「考える力」「話す力」「書く力」を身につける方法や、人生で役立つ「3つの論理」など、親子で一緒に学べる正しい学習方法をあますところなく掲載!
巻末には、子どもの書く力をグンと伸ばす「伝えるノート」も収録!

既刊好評発売中！

芥川・太宰に学ぶ
心をつかむ文章講座

出口 汪・著

定価（本体1300円＋税）

人の心をつかむ文章は二人から学べ！

あなたにも心をつかむ名文が書ける！

これまで数々の名作を紐解いてきたカリスマ現代文講師出口汪が、芥川・太宰の表現力の秘密、人間性を分かりやすく解説します。
二人の文豪から、テクニックだけでなく「心をつかむ」文章術を学ぶことで、あなたの新しい可能性が広がります！
巻末には「出口 汪 vs 齋藤 孝」～芥川・太宰そして『火花』を語る～対談収録！

既刊好評発売中!

どうせ生きるなら
「バカ」がいい

村上和雄・宮島賢也・著

定価(本体1000円+税)

日本人よ、もっと自分に正直であれ!
**生きづらい現代人に贈る科学と医学の権威による
愛と癒しのメッセージ!**

頭がいいとされる人たちがつくったこの時代なのに、なぜ生きるのがツラいのか?
そんな時代に、われわれ日本人はどう生きるべきなのか──?
科学界の権威・村上和雄先生&医学界の権威・宮島賢也先生による魂のメッセージ!
人生の不安がなくなる一冊です!

既刊好評発売中!

なぜ賢いお金もちに「デブ」はいないのか?

田口智隆・著
定価(本体1300円+税)

やっぱり「デブ」じゃだめなんだっ!
自己管理だけで「お金」の出入りはここまで変わる!

食事、異性選び、金遣い、人付き合い……。3000人を超えるお金持ちとのインタビュー経験により、著者が見つけた、真のミリオネアたちが「絶対にやらない不摂生」とは!?
読むだけで生活習慣が改まり、賢いお金持ちのマインドがすぐに身につく一冊です!
一発判定!「あなたの賢いお金持ち度チェックシート」付き。